DuMont's Spielbuch der Verwirrungen

Janet Bord

Irrgärten und Labyrinthe

studio dumont

Aus dem Englischen übertragen von Antje Pehnt, Köln

Titel der englischen Originalausgabe: Mazes and Labyrinths of the World

First published in Great Britain by Latimer New Dimensions Ltd., London

Druck und buchbinderische Verarbeitung: Boss-Druck, Kleve

Printed in Germany ISBN 3-7701-0923-6

Inhalt

Einführung: Labyrinthe und Irrgärten

> »[Das Labyrinth] ist ... zugleich der Kosmos, die Welt, das Leben des einzelnen, der Tempel, die Stadt, der Mensch, der Schoß – oder die Eingeweide – der Mutter (Erde), die Windungen des Hirns, das Bewußtsein, das Herz, die Pilgerfahrt, die Reise und der Weg.«
>
> Jill Purce, ›The Mystic Spiral‹

Zwei Formen des Labyrinths oder Irrgartens sind heute allgemein bekannt – das Heckenlabyrinth und der Irrgarten als Ratespiel für Kinder. Beide Formen aber sind relativ neue Ausprägungen eines Symbols, das schon seit mehreren tausend Jahren existiert und eine besondere Bedeutung für die Menschen hatte. Dieses Buch versucht, durch Bilder zu illustrieren, wie sich das Labyrinth von den ersten prähistorischen Felszeichnungen bis zum 20. Jahrhundert hin entwikkelt hat. Die Einführung ist nicht als Geschichte der Labyrinthe und Irrgärten zu verstehen, denn diese Aufgabe hat bereits W. H. Matthews mit seinem umfassenden Buch ›Mazes and Labyrinths‹ erfüllt. Stattdessen möchte ich mich mit einigen Aspekten des Themas auseinandersetzen, die ich persönlich besonders reizvoll finde und die vorzüglich auf die Bedeutung des Labyrinths Bezug nehmen.

Es gibt zwei Haupttypen des Labyrinths: Hat der Weg von außen zum Mittelpunkt keine irreführenden Abzweigungen, so ist es ›einläufig‹; sind Sackgassen oder mehrere Wege zum Mittelpunkt vorhanden, so ist das Labyrinth ›vielläufig‹. Die Bezeichnungen ›Labyrinth‹ und ›Irrgarten‹ sind austauschbar, obwohl man bei ›Irrgarten‹ an eine vielläufige Form denkt, die Irritation hervorruft; dagegen verbindet das Wort ›Labyrinth‹ sich eher mit den älteren, symbolischen Formen.

Man nimmt gewöhnlich an, das erste Labyrinth sei das von *Knossos* auf der Insel Kreta, wo Theseus den Minotaurus tötete. Obgleich die Geschichte von Theseus wohlbekannt ist und viele Leute davon überzeugt sind, daß das Labyrinth seinen Ursprung in Knossos habe, existierte es dort möglicherweise doch niemals als reales Bauwerk. Einige Gelehrte vermuten, daß die Bezeichnung Labyrinth sich von ›labrýs‹, Doppelaxt, herleitet und ›der Ort der Doppeläxte‹ bedeutet. L. J. D. Richardson behauptet, die traditionellen Darstellungen des kretischen Labyrinths (vgl. Abb. 50) ließen sich von dem Symbol für die Doppelaxt herleiten, damit erhält diese Wortassoziation noch mehr Gewicht[1].

Sir Arthur Evans wandte sich entschieden gegen die Vorstellung, daß der Palast des Minos in Knossos selbst das Labyrinth sei: »Die vorgefaßte Meinung, daß der Palast, der den traditionellen Sitz des Minos darstellt, selbst labyrinthischer Art war, ist sehr zählebig. In den Tagen des Verfalls und der Verlassenheit mit verschütteten Gängen und gestörten Mauerverläufen, mit unterirdischen Leitungen, die ein Mensch nur gebückt passieren kann, die aber einmal große, aus Steinen gebaute Röhren waren, und vor allem mit den Darstellungen von Mädchen, die gegen angreifende Stiere kämpften ... mögen solche geheimnisvollen Formen und Erscheinungen, im Zwielicht der frühen Sagen betrachtet, wohl die Vision des griechischen Labyrinths und des Monstrums, das in seinem Innersten haust, heraufbeschworen haben.«[2]

Robert Graves dachte an eine andere Möglichkeit: »Auf einem offenen Bereich vor dem Palast war eine Tanzfläche mit einem Labyrinth-Muster, das die Teilnehmer an einem erotischen Frühlingstanz leiten sollte.«[3]

Die ersten kretischen Paläste wurden um 2000 v. Chr. angelegt. Aber schon lange vor dieser Zeit war die Idee des Labyrinths in Ägypten bekannt. Um 3400 v. Chr. war eines der frühesten nach dem labyrinthischen Prinzip geplanten ägyptischen Grabmäler errichtet worden, das des Königs Perabsen aus der 2. Dynastie. Ägyptische Siegel aus späteren Zeiten (6. Dynastie, ca. 2400–2300 v. Chr.) tragen häufig komplizierte labyrinthische Muster. Das Labyrinth Amenemhets III., von dem heute leider nur noch wenige Überreste erhalten sind, wird in die 11. Dynastie, etwa 2000 v. Chr., datiert; zu jener Zeit bestanden enge Beziehungen zwischen Kreta und Ägypten (vgl. Abb. 38–44). Es wäre sogar möglich, daß kretische Architekten und Künstler Ägypten besucht und von den dortigen Künstlern gelernt hätten. So ist nicht auszuschließen, daß das kretische Labyrinth von den ägyptischen Bestattungsriten beeinflußt wurde. L. J. D. Richardson vertritt freilich die Ansicht, daß das traditionelle »kretische Labyrinth« durch Zufall entstanden sei, und er hält »Versuche mit Kombinationen von Hakenkreuzen, Wabennetzen, Mäandern und ähnlichem« für möglich, wie sie J. L. Heller vorschwebten[4].

Nicht nur im Mittelmeerraum war das Labyrinth in vorchristlichen Zeiten bekannt. Frühe Felsgravierungen mit bemerkenswerten labyrinthischen Formen finden sich in einigen Gegenden Nordeuropas (Abb. 15–22). Die jüngste Entwicklung der Datierungsmethoden mit Radiokarbon[5] hat weit frühere Daten als je angenommen für die Hügelgräber, Megalithen, Lagerstätten und monolithischen Steinkreise in Großbritannien und Nordwesteuropa ergeben. So nimmt man heute an, daß sie zwischen 4500 und 2500 v. Chr. entstanden sind. Möglicherweise stammen auch die Ritzzeichnungen aus dieser 2000 Jahre umspannenden Epoche. Es ist deshalb wahrscheinlich, daß das labyrinthische Muster (in seinem weitesten Sinne) sich nicht von *einem* Entstehungsort aus verbreitete, sondern unabhängig in mehreren Gebieten entwickelt wurde. Die Bedeutung des Labyrinths war vielen Völkern vertraut.

Will man den Urspüngen des Labyrinths nachspüren, so gibt eine Erforschung dieser seiner tieferen Bedeutung am ehesten Aufschlüsse. Welche Bedeutung maßen ihm die Völker bei, die dieses Muster benutzten, die es in den Sand zeichneten, in Felsen ritzten und in den Rasen schnitten? Im Distrikt Seniang im Südwesten von Malekula, einer Insel der Neuen Hebriden, stellte die *Der Pfad* genannte Sandzeichnung (Abb. 226) die Figur dar, welche der weibliche Wächtergeist in den Sand geritzt hatte. Der Geist jedes verstorbenen Menschen mußte die gleiche Reise ins Land der Toten unternehmen, dabei fand eine Begegnung mit dem Wächtergeist statt. A. Bernard Deacon schildert sie so: »Die Geister der Toten ... reisen eine Straße entlang nach Wies, ins Land der Toten. An einem bestimmten Punkt kommen sie an einen Felsen ..., der im Meer liegt ..., früher jedoch aufrecht stand. Das Land der Toten liegt irgendwo in dem bewaldeten Gebiet hinter diesem Felsen und ist von einem hohen Zaun umgeben. An dem Felsen sitzt stets ein weiblicher (Wächter-)Geist (mit Namen) Temes Savsap, und auf dem Boden vor ihm ist die vollständige geometrische Figur gezeichnet, die man als Nahal, ›Der Pfad‹ kennt. Der Pfad, dem der Geist folgen muß, führt zwischen den beiden Hälften der Figur hindurch. Sobald ein Geist naht, verwischt der Wächtergeist eilends eine Hälfte der Figur. Der Geist tritt nun heran, verliert aber die Spur und kann sie nicht wiederfinden. Er wandert umher und sucht nach einem Weg, um an der Temes vom Felsen vorbeizukommen, aber vergebens. Nur wenn er die vollständige geometrische Figur kennt, kann er die Spur wieder aufnehmen. Ist ihm die Figur bekannt, so ergänzt er sogleich die Hälfte, die Temes Savsap ausgewischt hat, und folgt der Spur durch die Mitte der Figur. Wenn er die Figur jedoch nicht kennt, so sieht die Temes, daß er den Weg nie finden wird, und verschlingt ihn, und er gelangt niemals in das Reich der Toten.«[6]

Hatte der Geist also die halb ausgewischte Figur richtig ergänzt, dann konnte er seine Reise ins Land der Toten fortsetzen und zu einem neuen Leben wiedergeboren werden. Wie bei anderen Sandlabyrinthen aus dem gleichen Teil der Welt (Abb. 225, 227) handelt es sich auch hier um eine labyrinthische Figur, durch die man hindurchgelangen muß, im Gegensatz zu den kreisförmigen Labyrinthen mit dem Ziel im Mittelpunkt, wie sie häufiger im Westen anzutreffen sind.

Die Geschichte vom Wächtergeist bringt das Labyrinth in Verbindung mit dem Tod und mit der Überwindung der Fährnisse, die den Menschen auf dieser unvermeidlichen Reise erwarten. In seinen Anfängen hatte das Labyrinth offenbar immer mit dem Tod zu tun. Nach der Beschreibung in Vergils ›Aeneis‹ trugen die cumäischen Tore am Eingang des Hades, die von einer (weiblichen) Sibylle (ähnlich dem Wächtergeist von Malekula) bewacht wurden, eine Darstellung des kretischen Labyrinths. In der Grabkammer von *Bryn Celli Ddu* auf der Insel Anglesey in Wales (Abb. 17, 18) wurden labyrinthische Ritzbilder auf Steinen gefunden. In einigen Grabkammern in Irland finden sich Steine mit spiralförmigen Gravierungen, darunter die besonders eindrucksvollen in *Newgrange*, County Meath (Abb. 19, 20). Solche Spiralformen sind möglicherweise Vorläufer des eigentlichen Labyrinths; offenbar hatten sie die gleiche Bedeutung. Karl Kerényi hat darauf hingewiesen[7], daß Spiralen wie Labyrinthe ›Landkarten‹ der Unterwelt und Symbole des Todes waren. Die nach innen führende Bewegung der Spirale bedeutet Tod, die nach außen gehende Geburt. W. F. Jackson Knight bringt die beiden Themen Tod und Wiedergeburt mit dem Labyrinth in Verbindung, wenn er schreibt, das Labyrinth sei »ein Mikrokosmos der Erde und ein Makrokosmos der menschlichen Anatomie«[8]. Im Tode kehrt man zur

Erde zurück, der Mutter, von der man schließlich wiedergeboren wird. Die Verwendung des Labyrinths bei Grabbauten bezeichnet einen rituellen Eintritt in die Erde; das Labyrinth stellt die Erde wie auch den menschlichen Leib als Quellen des Lebens dar.

Der Leib der Erde enthält in der Tat viele Spiralen, wie die Untersuchungen Guy Underwoods bewiesen haben. Mit seiner Wünschelrute arbeitete er jahrelang auf historischen Stätten in England, um unterirdische Wasseradern aufzuspüren. Dabei stieß er häufig auf Spiralformen, die in seinem Buch ›The Pattern of the Past‹[9] wiedergegeben sind. Könnten diese Spiralen – da wir gerade vom Zusammenhang der Erde mit der menschlichen Anatomie gesprochen haben – vielleicht auch die gewundenen Eingeweide des menschlichen Körpers darstellen? (Man vergleiche hierzu S. 13, linke Spalte unten.)

W. F. Jackson Knight hat seine Gedanken über Tod und Wiedergeburt in dem Buch ›Cumaean Gates‹ dargelegt. Seiner Meinung nach waren manche Hügelgräber »so angelegt, daß sie die Anatomie des Mutterleibes nachbildeten, in welchem der Tote wie im vorgeburtlichen Zustand ruhen konnte«. Bei vielen Völkern der Frühzeit waren alle wichtigen Phasen des Lebens von speziellen Initiationsriten begleitet, von Ritualen der Wiedergeburt. »In jedem Stadium wird ein Mensch wiedergeboren; und das gilt auch für den Tod. Im Tod werden die Menschen der Erde anvertraut, der allumfassenden Mutter, von der sie kamen. Sie kehren zur Erde zurück, um wiedergeboren zu werden.« Das ist die größte Initiation; eine kleinere Initiation kann erreicht werden, wenn man in einem Labyrinth oder Irrgarten bis zum Herzen vordringt. Diese beiden Initiationsstufen werden in dem folgenden Zitat klar definiert: »Während die kleinere Initiation das Leben und die Reinigung von der Sünde betraf, ging es bei der größeren Initiation um Tod und Wiedergeburt. Denn bei der ersteren wanderte der Strebende durch die verschlungenen Pfade eines komplizierten Irrgartens, der unser menschliches Leben darstellte, und gelangte schließlich durch Reue zu jener Klarheit des Geistes, die in Selbstfindung und Selbstbeherrschung besteht. Bei der letzteren aber mußte er hindurch bis zum Graben selbst, um dann den Göttern von Angesicht zu Angesicht gegenüberzustehen und die letzten Geheimnisse der Existenz zu erfahren.«[10]

Das Labyrinth ist das Symbol für einen schwierigen Weg, den man zurücklegen muß, bevor man sein Ziel erreicht. Ein weiterer Aspekt des undurchdringlichen Labyrinths ist die Vorstellung, daß der Weg nur dem Eingeweihten bekannt ist und das unerlaubte Eindringen deshalb nicht leicht ist. Daraus mag sich die Bedeutung des Labyrinths als Symbol für ›Kein Eintritt‹ erklären, denn manchmal wurden labyrinthische Formen auf Türschwellen gezeichnet, um Hexen und böse Geister fernzuhalten. Eine Zeitlang war diese Praxis in England weitverbreitet. In Schottland wurden die traditionellen Muster mit Pfeifenton auf die Schwellen und Böden von Kuhställen, Meiereien und Häusern gemalt. ›Verschlungene Fäden‹ nannte man solche Muster; ihre Bedeutung wird in dem folgenden Vers deutlich:

> Schlingengarn und Eschensamen,
> Hei, wie da die Hexen lahmen.

Ähnliche Formen finden sich auch auf den Hebriden, auf der Isle of Lewis, der Isle of Man, im Wye Valley, in Sussex und Wales. In Knutsford in Cheshire war es Brauch, mit Sand ein kompliziertes Muster auf die Türschwelle der Braut zu streuen, bevor sie ihr Haus zur Hochzeit verließ. Ein Hinweis John Layards[11] bietet eine Erklärung für diesen Brauch; er zeigt zudem, daß es frühestens Anwendungsformen des Labyrinths waren, die bis in die jüngste Zeit – wenn auch degeneriert – fortlebten: »In erster Linie war es der Zweck des Labyrinths, die Uneingeweihten von der Teilnahme am Leben nach dem Tode auszuschließen; in zweiter Linie sollten unfruchtbare oder unheilvolle Einflüsse von dem königlichen Brautpaar ferngehalten werden.«

Im gleichen Artikel beschreibt John Layard, wie die drawidische Bevölkerung Südindiens während des Unglück bringenden Tamil im Monat Margali, von Mitte Dezember bis Mitte Januar, wenn die Sonnenwende überschritten ist und die Sonne stirbt, Muster auf ihre Türschwellen zeichneten. (Der Artikel ist von 1937, ich weiß nicht, ob dieser Brauch noch heute besteht.) Dieser Monat galt als unheilvoll, weil er angeblich alle Arten von Epidemien mit sich brachte. Die Zeichnungen wurden nur von Frauen ausgeführt, und zwar mit verschiedenen pulverartigen weißen Substanzen wie gelöschtem Kalk oder feingemahlenem altem Mörtel. Die Linien wurden nicht konserviert, wenn die Zeichnungen fertiggestellt waren; aber der Ehemann mußte der erste sein, der darauf trat. Es gab unterschiedliche Muster, doch ähnelten einige den Sandzeichnungen aus dem Malekula-Gebiet, andere dem Hakenkreuz und wieder andere der konventionellen Darstellung des kretischen Labyrinths (die letzteren wurden ›Fort‹ genannt). Im gleichen Teil Indiens waren auch Tätowierungen mit Labyrinthmustern bekannt.

Im Jahre 1933 wurden in der Nähe von Korinth Tonmodelle griechischer Häuser aufgefunden, deren Außenwände mit Mäandermustern bemalt waren. W. F. Jackson Knight vermutet[12], daß diese Motive die gleiche Bedeutung besaßen wie der spätere »verschlungene Faden« – die Ausschaltung schlechter Einflüsse – und daß beide »Instrumente eines geheimen Abwehrzaubers« darstellten.

Ähnliche Vorstellungen haben wahrscheinlich auch bei der Errichtung des großen Erdwerks *Maiden Castle* in Dorset, Südengland (Abb. 12), eine Rolle gespielt. Der flache mittlere Bereich von ca. 1840 Ar ist von Dämmen und Gräben umgeben. An den beiden kürzeren Seiten der langgestreckten Fläche liegen Eingänge, die labyrinthisch gestaltet sind, um den Zugang zu erschweren. Diese Interpretation gibt W. F. Jackson Knight in dem Buch ›Cumaean Gates‹, dem auch die folgende Beschreibung entnommen ist: »Die frühesten taktischen Labyrinthe finden sich in ägyptischen Festungen der 1. und 2. Dynastie ungefähr 3500 v. Chr. Sie verfügen über ein System von Mauern, deren Öffnungen einander nicht gegenüberliegen, sondern versetzt angeordnet sind, so daß die Angreifer einen langen, gewundenen Weg vor sich haben und sich seitdem zwischen der Öffnung in der einen und der Öffnung in der nächsten Wand bewegen müssen. Der Grundriß forderte eine labyrinthische Wegführung und verwirklichte somit die beiden wechselseitigen Prinzipien von kontrolliertem Ausschluß und kontrolliertem Eindringen. Verbündete Truppen können den Eingangsweg ungehindert benutzen; aber ein Feind, der schon auf weite Strecken unter seitlichem Feuer steht, wird stark behindert.«

Man hat geschätzt, daß immerhin 250 000 Menschen nötig wären, um Maiden Castle zu verteidigen. Es fällt deshalb schwer zu glauben, daß dieses Erdwerk ursprünglich Verteidigungszwecken dienen sollte. Möglicherweise wurde es im Neolithikum für Ritualhandlungen errichtet, wobei die labyrinthischen Eingänge bei Prozessionen benutzt wurden. In der Eisenzeit wurde es dann eine Festung und die labyrinthischen Zugänge zeigten ihren Vorteil in Kriegs- und in Friedenszeiten. Im Frieden fanden nur Eingeweihte Zugang zu dem heiligen Bereich, eine Beschränkung, die dem Sinn des Labyrinths entspricht, im Krieg stellte die Anlage der Eingänge, wie schon beschrieben, eine sinnvolle Verteidigungskonstruktion dar.

Auch andere alte britische Festungsanlagen sind aus Dämmen und Gräben errichtet, die auf Luftaufnahmen vage an Labyrinthe erinnern, wie zum Beispiel *Badbury Rings* in Dorset und *Hereford Beacon*. Daß bei diesen Anlagen die Idee des Labyrinths eine Rolle spielte, ist bloße Vermutung. Hinweise auf die Existenz einer Art dreidimensionalen Labyrinths lassen sich eher beim *Glastonbury Tor* in Somerset (Abb. 13) finden. Man nimmt an, daß hier Initiationsriten vollzogen wurden.

»Initianten oder Pilger traten möglicherweise auf dem dritten Pfad von unten in einen dreidimensionalen Irrgarten ein und wanderten im Uhrzeigersinn um den Hügel. Wenn sie den ersten Rundgang beendet hatten, mußten sie die Richtung abwärts einschlagen, begannen dann gegen den Uhrzeigersinn den zweiten Rundgang und so weiter, immer in gegenläufiger Richtung, bis sie siebenmal die Bahnen des Irrgartens zurückgelegt hatten ... Die Initianten oder Pilger betraten die Pfade wahrscheinlich in der Reihenfolge 3, 2, 1, 4, 7, 6, 5. Der fünfte Pfad dürfte steil zum Gipfel emporgeführt haben, aber auf dem Hügel ist heute keine klare Spur der letzten Phase mehr zu finden.«[13]

Glastonbury ist als Platz für ein Labyrinth durchaus denkbar, da es in Zusammenhang steht mit den Sagen um König Arthur und mit der Suche nach dem Heiligen Gral, die man als Initationsallegorie gedeutet hat.

Zum Thema der zu Verteidigungszwecken dienenden labyrinthischen Eingänge merkt W. F. Jackson Knight in ›Cumaean Gates‹ an, daß die Chinesen quer verlaufende ›Geistermauern‹ am Eingang ihrer Städte errichteten, so daß gewundene Wege entstanden, die schlechte Einflüsse vom Zugang fernhielten. Die Hauseingänge sind manchmal ähnlich gebaut. »Wenn es sich um staatliche Häuser handelt, so sind sie hinter Mauern verborgen. Man kann nicht durch die Torwege hineinschauen, denn die Tore sind von innen durch einen weiteren kurzen Mauerabschnitt verstellt, der das Eindringen böser Geister verhindern soll; böse Geister können (wie jedermann weiß) nur in gerader Linie fliegen.«[14]

Nach W. F. Jackson Knight kann das Laufen durch ein Labyrinth, wie etwa bei den Labyrinth-Tänzen, auch ein Ausschließungsritual dargestellt haben. »Die Bewegungen der Teilnehmer sollen magische Verwirrung erzeugen und ein Feld magischer Kraft ausbreiten, das alles ausschließt, was den geschützten Ort nicht betreten darf.«[15] Der bekannteste Labyrinth-Tanz ist der Geranos-(Kranich-)Tanz der Insel Delos, den zum erstenmal angeblich Theseus mit seinen Gefährten tanzte, die er aus der Gewalt des Minotaurus im kretischen Labyrinth befreit hatte. Einige Tänzer trugen Tiermasken, und man tanzte um einen gehörnten Altar herum – beides vielleicht Symbole des stierköpfigen Minotaurus. Ein weiterer Labyrinth-Tanz hat sich auf Ceram erhalten, einer der Molukken-Inseln; er erinnert an die Tötung Hainuweles, des göttlichen Mädchens. Das Ritual beschreibt Karl Kerényi: »Frauen und Männer bilden in abwechselnder Folge eine große neunfache Spirale bei diesem Tanze. Es ist ein Labyrinth, das Urbild und später Abbild jenes Labyrinthes, durch das die Menschen, nachdem sie sterben, hindurch mußten, um zur Hadeskönigin zu gelangen und zum Menschen bestimmt zu werden. Hainuwele stand im Mittelpunkt des Labyrinthes, wo man ein tiefes Loch in der Erde gegraben hatte. In der langsam kreisenden Tanzbewegung der Spirale drängten die Tänzer sie auf die Grube zu und warfen sie hinein. Der laute dreistimmige Maro-Gesang übertönte die Schreie des Mädchens. Man schüttete Erde auf sie, und die Tänzer stampften die Erde über der Grube fest.«[16]

Labyrinth-Tänze wurden (und werden zum Teil noch heute) an verschiedenen Orten Westeuropas aufgeführt, wie zum Beispiel in Italien, auf Korfu, in Greyerz (Westschweiz) und in München (wo alle sieben Jahre der Schäfflertanz stattfindet). Der Traunsteiner Schwerttanz bezieht sich auf St. Georg und die Drachentötung, die möglicherweise ihrerseits an Theseus und die Überwindung des Minotaurus erinnert. Bei einigen Tänzen, auch beim Kranichtanz, spielen Seile eine Rolle; man vermutet, daß diese Seile die Fadenspur darstellen könnten, der Theseus bei seiner Flucht (oder Wiedergeburt) aus dem Labyrinth folgte. (Manche nehmen sogar an, daß dieser Faden wiederum die Nabelschnur symbolisiere.) Ein Seil spielt auch eine wichtige Rolle in der Geschichte vom hölzernen Pferd, das in die Stadt Troja gezogen wurde (diese Stadt war selbst eine Art Labyrinth und nur schwer zugänglich); die Bewegungen der Männer, die an dem Pferd zogen, sind mit den Bewegungen der Labyrinth-Tänzer vergleichbar. W. F. Jackson Knight bringt die Geschichte des trojanischen Pferdes mit den Totenmythen in Verbindung: »Der Eingang nach Troja wird als Eingang in die Erde betrachtet, beim Tode oder bei der Initiation.«[17] Auch Knight findet, daß das Pferd Beziehungen zum Minotaurus haben könnte. Das Bild des trojanischen Pferdes, das an einem Seil durch die labyrinthische Stadt Troja gezogen wird, »in seinem hohlen Inneren voll von bewaffneten Männern«[18], klingt im folgenden Zitat an: »Mäanderartige oder labyrinthische Pfade, Spiralen, Labyrinthe, die entweder bei rituellen (Initiations-)Tänzen tatsächlich durchlaufen oder auf rituellen Objekten symbolisch dargestellt werden, repräsentieren die archetypischen Versuche des göttlichen Ahnen, des prototypischen Menschen, in dieser Welt in Erscheinung zu treten, geboren zu werden. Bei der Zeremonie des Hundetotems in Nordaustralien ›wird für eine Prozession ein gewundener Pfad durch den Busch geschlagen, der das Umherirren des Totemtieres durch den Urschlamm symbolisiert wie auch das Seil, an dem es durch den menschlichen Gefährten aufs trockene Land gezogen wurde.‹ Das meinte Freud mit Analgeburt: ›. . . ich kann es mir nicht versagen zu erwähnen, wie häufig gerade mythologische Themen durch die Traumdeutung Aufklärung finden. So läßt sich z. B. die Labyrinthsage als Darstellung einer analen Geburt erkennen; die verschlungenen Gänge sind der Darm, der Ariadnefaden die Nabelschnur.‹«[19]

Religiöse Rituale degenerieren im Laufe der Jahrhunderte, bis ihre Formen kaum noch etwas mit den Ursprüngen gemeinsam haben und ihr Sinn nur noch schwer zu erkennen ist. So sind vielleicht Tänze wie der Kranichtanz auch in Irrgärten und Labyrinthen in anderen Teilen der Welt aufgeführt worden, etwa in den Steinlabyrinthen Skandinaviens oder den englischen Rasenlabyrinthen. Zwar werden seit mehreren hundert Jahren keine Rituale mehr in den Rasenlabyrinthen zelebriert (das betrübliche Faktum wird durch Shakespeares Worte aus ›Ein Sommernachtstraum‹ belegt: »Verschlämmt vom Leime liegt die Kegelbahn; / Unkennbar sind die art'gen Labyrinthe / Im muntern Grün, weil niemand sie betritt.«); aber es gibt Berichte, daß sie früher bei festlichen Gelegenheiten, wie Ostern, benutzt wurden. Ostern war das Fest der Auferstehung, und Läufe oder Tänze durch ein Labyrinth mußten besonders angemessen erscheinen, weil dieses Symbol mit Wiedergeburt in Zusammenhang stand. Läufe durch ein Labyrinth wurden möglicherweise auch am 1. Mai durchgeführt, wenn die wieder erwachte Fruchtbarkeit der Erde und der Menschheit nach einem langen Winter gefeiert wurde. Auch andere traditionelle Maifeiern wie der Morisken-Tanz oder die Steckenpferd-Feste können mit der alten Bedeutung des Labyrinths in Verbindung stehen; von dieser These wird später die Rede sein (Abb. 91, 92).

Es wird berichtet, daß in Finnland lebende schwedische Bauern die Steinlabyrinthe in jenem Land für Laufspiele benutzten, bei denen ein junger Mann zu einem Mädchen im Mittelpunkt gelangen mußte. Andere Berichte erwähnen ein steinernes Kastengrab im Zentrum – eine weitere Beziehung zwischen Labyrinth und Tod. Laufspiele dieser Art wurden zweifellos in ganz Skandinavien durchgeführt (auch in Norwegen, Schweden und Dänemark wurden Steinlabyrinthe gefunden), nicht nur in Finnland.

Wann die ersten Stein- und Rasenlabyrinthe entstanden, ist nicht genau festzustellen. Ihre Namen sind oft mit Troja verbunden (Bezeichnungen wie *Troy Town, Walls of Troy, Tröjeborg, Trojaburg* kommen häufig vor), und man nahm an, daß sie nach der berühmten Stadt benannt waren. Aber W. F. Jackson Knight (und er steht damit nicht allein) glaubt, daß ›Troy‹ einen Irrgarten oder ein Labyrinth *meint.* ›Troy‹, ›Troja‹, ›Troia‹ und andere Variationen lassen sich von der keltischen Wurzel *tro,* ›sich drehen‹, ableiten. Das Wort drückt die Vorstellung einer schnellen Drehbewegung aus, wie sie bei einem Ritualtanz durch das Labyrinth vollzogen würde. (Das walisische Wort *troi* bedeutet ›sich drehen, umlaufen‹.) Knight folgert: »Die sicherste Annahme ist die, daß Homers Troja und alle anderen Trojas nach der für Irrgärten und Labyrinthe benutzten Bezeichnung benannt wurden. Troja hieß Troja, weil es an ein Labyrinth erinnerte. Die labyrinthischen Eigenschaften sind so zu definieren: Ein Labyrinth ist ein materielles oder magisches Instrument der Abschließung, und Troja war eine sehr abgeschlossene Stadt.«[20]

Ein weiterer Hinweis auf die Bezeichnung ›Troja‹ findet sich in ›Cumaean Gates‹, wo Knight einige auf etwa 1000 v. Chr. datierte babylonische Tafeln beschreibt (Abb. 8). Die Tafeln, deren Spiralformen Tiereingeweide darstellen sollen, wurden für Weissagungen aus Eingeweiden benutzt. Eine von ihnen trug die Inschrift *êkal tirâni* – ›Palast der Eingeweide‹, und Knight berichtet, daß der Name ›Troja‹ mit dem Wort *tirâni,* Eingeweide, gleichgesetzt worden ist[21].

Die Wörter ›bower‹ oder ›bore‹ in Namen wie *Julian's Bower* und *Gilling Bore* lassen sich vom angelsächsischen *burg* oder *burh,* ›Stadt‹, herleiten und sind verwandt mit *beorgan,* ›schützen‹. Das führt uns zu einer weiteren Interpretation: daß Rasen- oder Steinlabyrinthe ursprünglich errichtet wurden, um wichtige Orte in ihrer unmittelbaren Nachbarschaft zu schützen, ähnlich wie die Zeichnungen auf Türschwellen. Einige noch erhaltene Rasenlabyrinthe liegen in der Nähe überlieferter frühgeschichtlicher Stätten: das Labyrinth auf St. Catherine's Hill, Winchester, befindet sich in einem Lager der Eisenzeit; das Breamore-Labyrinth in Hampshire liegt auf einem mit keltischen Feldern bedeckten Berg in der Nähe eines Hügelgrabs (und ist außerdem weit von den mittelalterlichen und heutigen Dörfern entfernt – eine merkwürdige Lage, wenn es nur festlichen Zwecken hätte dienen sollen); das Labyrinth von Wing in Rutland ist einem großen Grabhügel benachbart. Manche Gelehrte glauben, daß die traditionellen Labyrinthe Nordeuropas relativ neuen Ursprungs sind und möglicherweise von den Mustern beeinflußt wurden, die noch heute in einigen europäischen Kirchen zu finden sind. Es besteht aber Grund zu der Annahme, daß Stein- und Rasenlabyrinthe schon lange existierten, bevor die Kirchenbauer des Mittelalters sie in ihre Bauwerke einbezogen. Die Kirchenlabyrinthe können durchaus Kopien der Stein- und Rasenlabyrinthe gewesen sein; vielleicht wurden auch die Stein- und Rasenlabyrinthe nach dem Vorbild der Kirchenlabyrinthe neu gestaltet, als die christliche Interpretation die Oberhand gewann.

Kirchenlabyrinthe, die häufig aus Fliesen bestehen, manchmal aber auch in Stein gemeißelt sind, findet man in England selten, wohl aber auf dem europäischen Kontinent, vor allem in Frankreich und Italien; viele sind allerdings zerstört. Nach der traditionellen religiösen Interpretation sollten sie die Irrwege der Sünde darstellen, die die Pilgerfahrt des Menschen in den Himmel behindern. Manchmal wurden sie ›Chemin de Jérusalem‹ genannt, und der Gang durch ein Labyrinth ersetzte die Pilgerfahrt ins Heilige Land. Bisweilen durchquerten die Pilger das Labyrinth als Bußübung auf den Knien. Doch mögen die Labyrinthe für ihre Erbauer auch einen weniger greifbaren Sinn gehabt haben, eine Bedeutung, die auf die

Verwendung dieses Symbols als Schutz gegen das Böse zurückgeht: Sie sollten vielleicht sowohl die Kirche als auch den Kirchgänger vor bösen Einflüssen bewahren, wobei der Kirchgänger zusätzlichen Schutz erlangte, wenn er rituell den Gängen des Labyrinths bis zum Mittelpunkt folgte.

Das Labyrinth hat für verschiedene Menschen verschiedene Bedeutung. Daß es sich über Jahrhunderte großer Beliebtheit erfreute, beweist den Rang dieses Symbols. Labyrinthfiguren haben eine starke Wirkung – aber eine wohltuende, denn wenn man sich eingehend mit ihnen befaßt, üben sie einen beruhigenden Einfluß aus. Es mag daran liegen, daß sie als Symbole vollständig und ausgewogen und daher befriedigend sind.

Ich erhebe keinen Anspruch auf Vollständigkeit meines Bildmaterials. Es wäre ein Lebenswerk, jedes Beispiel ausfindig zu machen; und es wäre eine Suche ohne Ende, denn das Symbol des Labyrinths wird noch heute häufig verwendet, wie die letzten Seiten des Buches zeigen. Die Abbildungen sind, soweit möglich, chronologisch angeordnet. Damit soll gezeigt werden, wie das ursprüngliche Symbol weiterentwikkelt oder verfeinert wurde, entsprechend der Bedeutung, die es für spätere Völker besaß, und entsprechend seinem Verwendungszweck.

Verwandte Symbole und Stätten

1 Bevor wir uns den ältesten bekannten Labyrinthen zuwenden, ist es sinnvoll, einige Symbole zu betrachten, die eine gewisse Verwandtschaft zum Labyrinth aufweisen und im Laufe der Jahrhunderte in den verschiedensten Teilen der Welt von den Menschen verwendet wurden. Das Hakenkreuz ist ein sehr altes Symbol, das sich in vielen primitiven Gesellschaften findet; es wird so unterschiedlich interpretiert, wie es weit verbreitet ist. Wenn es wie bei dieser Zeichnung eines Widders auf einer archaischen griechischen Vase mäanderförmig gestaltet ist, hat es große Ähnlichkeit mit quadratischen Labyrinthen. Die Vase hat außerdem einen Streifen mit Mäandermustern, die ebenfalls an Labyrinthe erinnern.

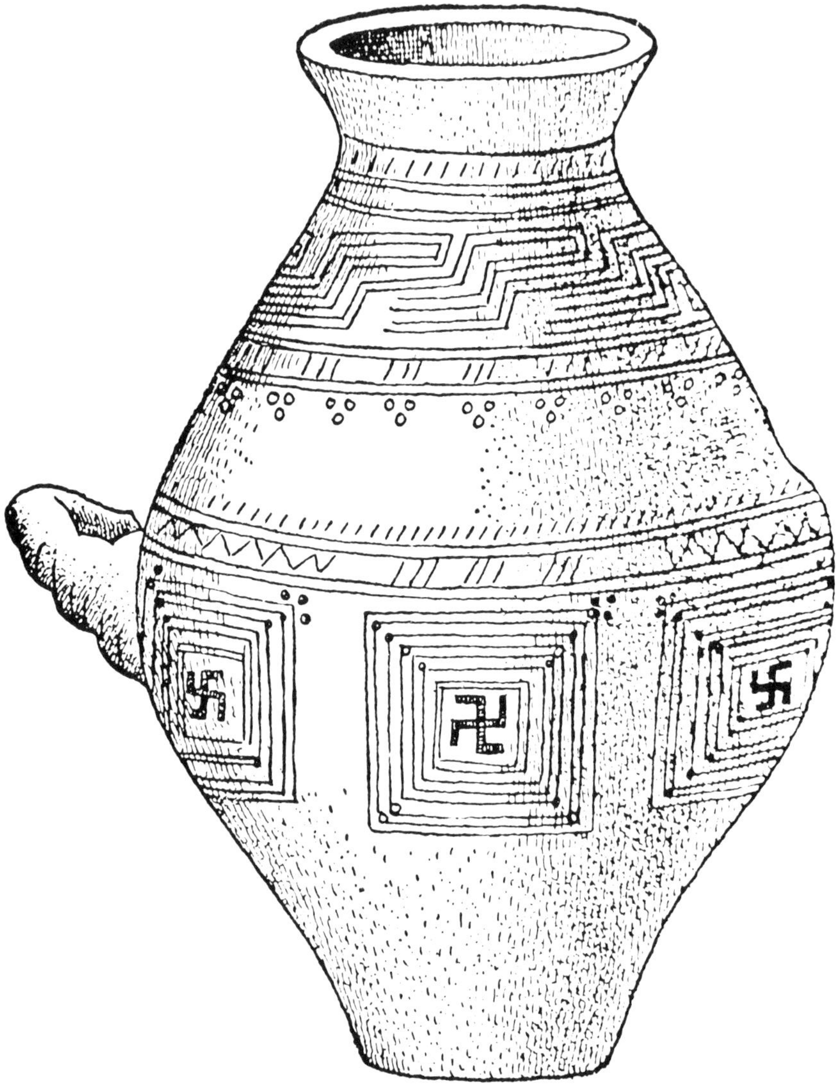

2 Auf dieser Graburne aus der Bronzezeit, die in San Marino bei Albano, Italien, gefunden wurde, sind Hakenkreuze in Felder eingeschlossen, die ihrerseits an Labyrinthe erinnern. (Die Felder lassen an das Spiel ›Nine men's morris‹, Abb. 93, denken.) Am Hals der Vase eine weitere labyrinthische Zeichnung. Da das Labyrinth mit dem Tod assoziiert wird, ist es nicht überraschend, solche Zeichnungen auf einer Urne zu finden. Die Gefäße selbst symbolisieren häufig den Leib und den Schoß der Mutter.

3 Hakenkreuze finden sich an den ungewöhnlichsten Stellen. Diese Reihe wurde neben dem Südeingang der Great Canfield Church in Essex aus dem 12. Jahrhundert in Stein geritzt. Waren die Hakenkreuze vielleicht als schützendes Symbol gedacht?

(Die Photographie zeigt eine optische Täuschung, die möglicherweise auf die Beleuchtung zur Zeit der Aufnahme zurückzuführen ist. Die helleren Linien, die von den Schlägen des Meißels stammen, erscheinen erhaben, die Hakenkreuze sind dann nur schwer zu erkennen. Wenn Negativ- und Positivformen für das Auge wechseln, treten die Hakenkreuze deutlich hervor.)

4 Man nimmt an, daß die keltischen Flechtmuster Pläne für Labyrinth-Tänze darstellten. Dieses keltische Kreuz in Carew, Pembrokeshire, trägt oben mehrere Hakenkreuze und unten Flechtmuster.

5 Dieser geschmückte Reliquienbehälter, der Glockenschrein des Hl. Patrick (1091–1105), ist mit kunstvollen Flechtmustern versehen, die vielleicht ursprünglich die gleiche symbolische Bedeutung hatten wie Spiralen und Labyrinthe.

6 Ein weiteres Beispiel eines Gegenstandes, der mit dem Tod im Zusammenhang steht und mit labyrinthischen Symbolen verziert wurde, ist dieses bronzene chinesische Ritualgefäß des Typs ›chüeh‹. In der Shang-Dynastie benutzte man solche Gefäße, um den Geistern Wein als Trankopfer darzubringen; sie wurden den Gräbern von Königen und Vornehmen beigegeben. Das labyrinthähnliche Symbol wird von Gelehrten gewöhnlich als Donnermuster bezeichnet, weil es an die alte Form des chinesischen Schriftzeichens für Donner erinnert.

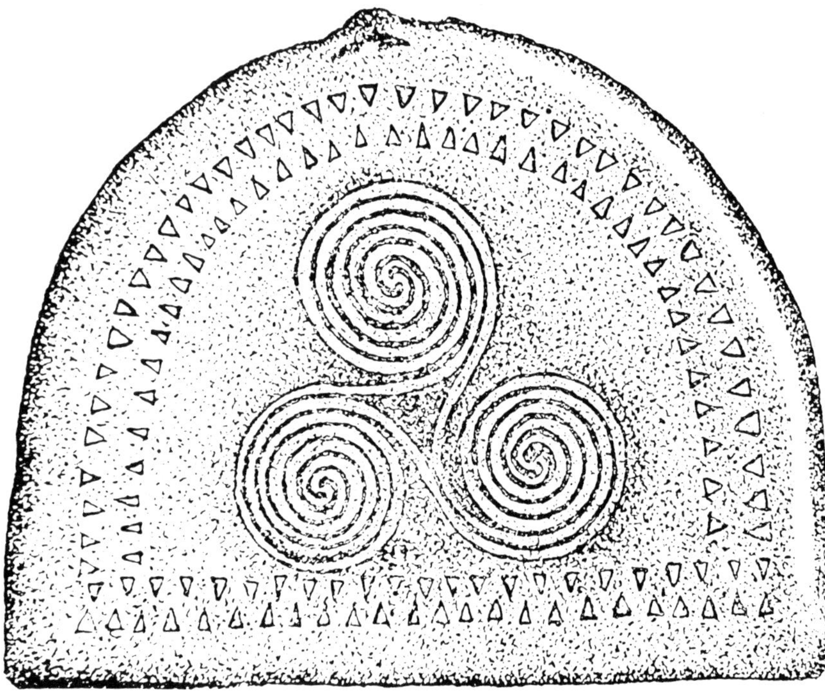

7 Spiralen lassen sich als elementare einläufige Labyrinthe definieren, denn sie haben einen indirekten Weg, der zu einem verborgenen Mittelpunkt führt. Es ist interessant, wie ähnlich diese Zeichnung auf einer alten Bronzeagraffe oder Gürtelschließe aus *Koban* im Kaukasus (UdSSR) den miteinander verbundenen Spiralen ist, die auf einen der Steine im Hügelgrab von *Newgrange* (Abb. 19) geritzt sind.

8 Die babylonischen Plättchen, die für die Eingeweideschau benutzt wurden und etwa 1000 v. Chr. entstanden, tragen Spiralzeichnungen, die tierische Eingeweide darstellen.

9 Auf den unteren Teil dieser abgebrochenen Statue aus der jugoslawischen Vinča-Kultur (ca. 5300–3500 v. Chr.) ist ein elementares Labyrinth geritzt. Das Artefakt wurde in *Agino Brdo* bei Belgrad gefunden.

10, 11 Geoffrey Russell weist darauf hin[22], daß der Mittelpunkt des traditionellen Labyrinths dem frühchristlichen Symbol Chi-Rho sehr ähnlich ist. Dieses Monogramm setzt sich aus den beiden griechischen Buchstaben X und P zusammen, mit denen der Name Christi beginnt (ΧΡΙΣΤΟΣ); es hat seinen Ursprung in einem Traumbild, das dem Kaiser Konstantin in der Nacht vor einer Schlacht im Jahre 312 erschien. Er wurde »in einem Traum dazu aufgerufen, auf die Schilder seiner Soldaten das himmlische Zeichen Gottes zu malen und so in die Schlacht zu ziehen. Er handelt wie befohlen und bezeichnet ihre Schilder mit dem Namen Christi, indem er den Buchstaben X aufrecht stellt und eine Spitze umbiegt.«[23]

Es gibt mehrere Variationen des Chi-Rho; die hier gezeigte mit dem offenen P hat die größte Ähnlichkeit mit dem Mittelpunkt eines Labyrinths und mit der Beschreibung von Konstantins Traum (»indem er ... eine Spitze umbiegt«). Daneben ist ein kretisches Labyrinth abgebildet. Das Chi-Rho-Monogramm befindet sich auf einem Stein in *Kirkmadrine*, Wigtownshire, Schottland, das Labyrinth auf einer Münze aus *Knossos*, die aus dem 1. oder 2. Jahrhundert v. Chr. stammt. (Um den Vergleich zu erleichtern, ist die Münze auf den Kopf gestellt).

Geoffrey Russell vergleicht das Chi-Rho in dem Labyrinth mit dem Hirtenstab Christi, des Guten Hirten. Er schreibt: »Vielleicht war die Krümmung des Stabes geschlossen, um anzuzeigen, daß das (Labyrinth-)Spiel zum letzten Male stattgefunden habe und daß die Seele beim Erlöser sicher bewahrt sei.«

12, 13 Diese beiden Hügel in Südengland stellen wahrscheinlich Labyrinthe dar – *Maiden Castle* in Dorset (unten) und *Glastonbury Tor* in Somerset (rechts). Das erstere war möglicherweise ein taktisches Labyrinth, das den Zugang erschwerte, und das letztere ein Initiationslabyrinth. Beide Orte sind im einführenden Text ausführlicher beschrieben.

14 Zwei architektonische Labyrinthe wurden in unserem Jahrhundert auf dem griechischen Festland entdeckt, eins an der Stätte des *Totenorakels* in der Provinz Epirus, das andere (hier abgebildete) in *Epidauros*, wo Asklepios (Äskulap), der Gott der Heilkunde, sein Heiligtum hatte. Der Rundbau (die Tholos) schloß sich an den Tempel des Asklepios an; sein Zweck ist noch nicht erforscht. Er wurde als das Grab des Gottes interpretiert, das die heilungsuchenden Kranken aufsuchten, oder auch als Schlangengrube für die heiligen Schlangen des Asklepios. Das Bauwerk bestand aus sechs konzentrischen Kreisen, wobei die äußeren drei die (dorischen) äußeren Säulen, die Wand und den (korinthischen) inneren Säulenumgang stützten, während die inneren drei eine Art Miniaturlabyrinth bildeten.

Prähistorische Labyrinthbilder

15 Im Norden Englands und Schottlands, aber auch anderswo findet man häufig Ritzbilder auf Felsen, die als ›Kelch- und Ringmuster‹ bezeichnet werden. Ihre Bedeutung ist unklar, obwohl eine große Zahl von Theorien entwickelt wurde. Eine dieser Theorien sieht in ihnen rudimentäre Labyrinthe. Es gibt mehrere verschiedene Stile. Einige sind auf dem Ritzbild mit Kelch- und Ringmustern (oben rechts) aus *Auchnabreach* in Argyllshire, Schottland, zu erkennen. Auch die drei miteinander verbundenen Spiralen (vgl. Abb. 7) treten hier wieder auf.

16 Die Kelch- und Ringmuster gehen wahrscheinlich auf die neolithische Epoche zurück, wie auch die megalithischen Gräber, die anschließend gezeigt werden. Unser Beispiel rechts unten ist in einen Felsen in *Roughting Linn*, Northumberland, graviert. Auch in anderen Teilen Europas sind Ritzbilder zu finden, die Verwandschaft mit Kelch- und Ringmustern und elementaren Labyrinthen aufweisen. Besonders interessant sind die Felsgravierungen in *Bohuslän*, Schweden.

17, 18 Das Hügelgrab in *Bryn Celli Ddu* auf der Insel Anglesey, Wales, macht den Zusammenhang zwischen labyrinthischen Formen und dem Tod besonders deutlich. Bereits der Grundriß der Grabanlage erinnert an ein Labyrinth; darüberhinaus wurde auf einem aufrecht stehenden Stein eine kleine, unterbrochene Spiralzeichnung gefunden; schließlich ist auf einem Stein, der dort aufgerichtet wurde, wo sich die Mitte des Grabhügels befand, eine weitere, kunstvollere Gravierung zu sehen. Bei der Ausgrabung lag dieser Stein über einer Grube, die verbrannte Knochen enthielt. Der verzierte Stein ist auf Abbildung 17 zu erkennen. Die Zeichnung rechts zeigt das Muster noch klarer; der untere Teil der Zeichnung gibt das auf der Abbildung sichtbare Muster wieder, der Streifen in der Mitte und der obere Teil illustrieren die Muster auf dem schmalen oberen Rand und der anderen Seite des Steines.

W. F. Jackson Knight schreibt dazu: »Bei den Spiralen dieses Monuments liegt die Erklärung nahe, daß sie alle mehr oder weniger bewußt dazu verwendet wurden, die Grabstätte abzuschließen oder zu versiegeln oder zumindest dabei behilflich zu sein. Der spiralförmige Grundriß mit dem langen, verwirrenden Gang kann kaum etwas anderes bedeuten. Der Stein mit dem blattförmigen, im Zickzack geführten, labyrinthähnlichen Muster ist wahrscheinlich bei Bestattungsriten aufgestellt worden, entweder als Schaubild mit Hinweisen für Tänzer oder als Symbol für die Ausschließung aus dem Land der Toten beziehungsweise für den Eintritt in dieses Land; zweifellos wurde er sorgfältig in dem

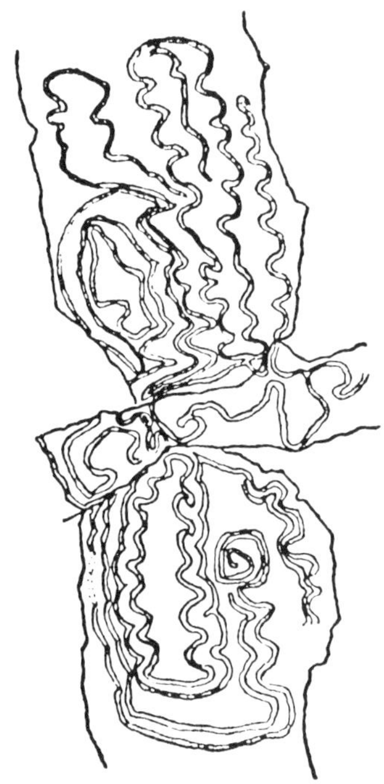

Monument begraben, um durch seine geheimkräftige Gegenwart eine ähnliche Wirkung hervorzurufen.«[24]

19, 20 Das Hügelgrab in *Newgrange*, County Meath, Irland, ist eines der schönsten prähistorischen Bauwerke in diesem Teil der Welt. Der Grabhügel ist 13,70 m hoch und 80,75 m lang, die innere Grabkammer ist 6,10 m hoch. Einige Steine sind reich mit Spiralmustern verziert, vor allem der Eingangsstein (Abb. 20). Einmal im Jahr, am Morgen der Wintersonnenwende, scheint die Sonne durch einen freigelassenen Spalt in der Decke direkt in die Grabkammer und beleuchtet die drei miteinander verbundenen Spiralen.

21 Dank den neuesten Radiokarbon-Datierungsmethoden wissen wir heute, daß die megalithischen Grabkammern Nordwesteuropas um 3500–3000 v. Chr. entstanden sind. Ein Beispiel kunstvoll gravierter Steine zeigt diese Zeichnung vom Innern eines Hügelgrabs in *Slieve-na-Calliagh*, County Meath, Irland.

22 Das halbkreisförmige Muster, das schon auf der obigen Abbildung auftritt, begegnet uns ebenfalls auf Steinen des Stollengrabs auf der Insel *Gavr' Innis* in der Bretagne (Département Morbihan).

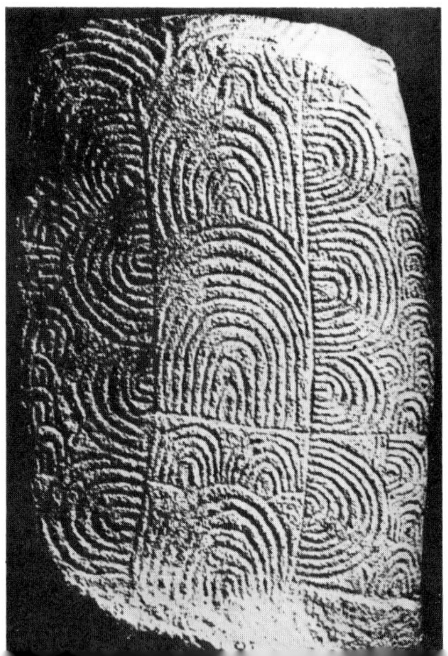

23 Auch alte Felsgravierungen in anderen Teilen Europas schließen manchmal labyrinthische Muster ein. Die hier gezeigten Beispiele haben große Ähnlichkeit mit den zuvor abgebildeten Kelch- und Ringmustern (Abb. 15). Sie wurden in *Mogor* bei Marin in der spanischen Provinz Pontevedra aufgefunden.

24 Ebenfalls aus *Mogor* stammt dieses Ritzbild eines Labyrinths im traditionellen kretischen Stil. Solche Beispiele sind gewöhnlich schwierig zu datieren, aber der offensichtliche kretische Einfluß läßt vermuten, daß es wenig mehr als 2000 Jahre alt ist.

25–28 Im *Camonica-Tal* in den italienischen Alpen nordöstlich von Mailand ist eine wichtige Gruppe von Felsgravierungen entdeckt worden. Die ältesten stammen aus dem Neolithikum, aber die stilistische Entwicklung zeigt, daß die Gravierungen bis zur römischen Eroberung fortgeführt wurden. Häufig zeigen sie labyrinthische Muster. Bei einigen

sind im Mittelpunkt Figuren oder Gesichter eingeritzt, oder auch nur zwei Punkte, die Augen darstellen sollen – vielleicht zum Zeichen dafür, daß ein Ungeheuer in dem Labyrinth haust. Spätere Ritzbilder lassen

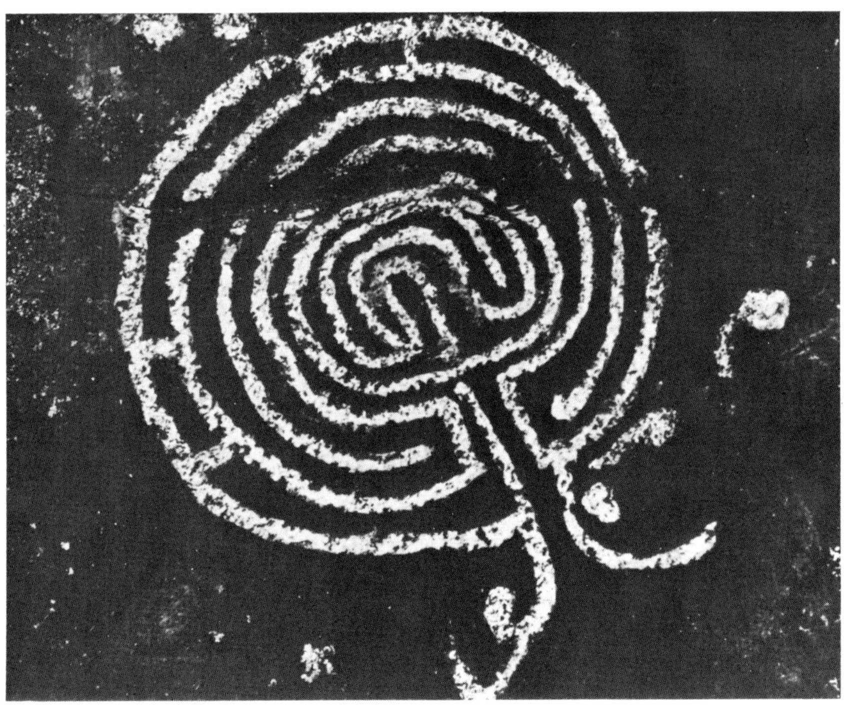

griechischen Einfluß erkennen. Das hier gezeigte Labyrinth im kretischen Stil wird auf ungefähr 300 v. Chr. datiert, die anderen stammen aus dem dritten oder zweiten Jahrtausend v. Chr.

29–31 Eine weitere Felsgravierung aus dem *Camonica-Tal* zeigt ein Tier, dessen Schwanz zum Labyrinth wird (Abb. 30). Sie hat Ähnlichkeit mit der Gravierung auf einem mittelalterlichen Grabstein (Pegasus-Stein

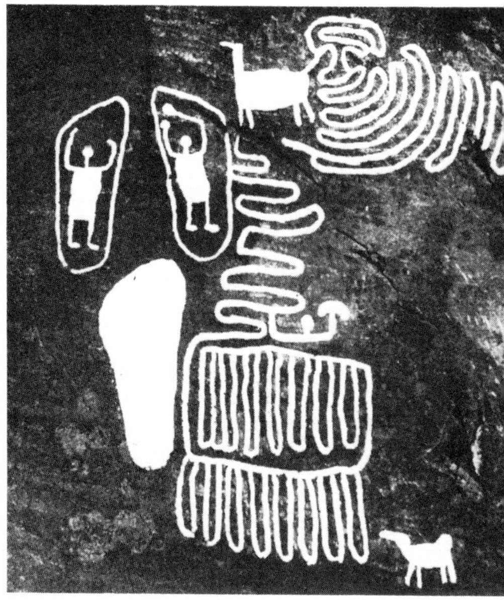

genannt) der *Bogomilen-Gräber* in Mesići, Bosnien, Jugoslawien, wo der Schwanz des Tieres ebenfalls ein Labyrinth darstellt (Abb. 29).

Abbildung 31 zeigt eine Labyrinthzeichnung auf dem Weinkrug von Tragliatella (Abb. 90). Auch hier ist das Labyrinth aus dem Schwanz des Pferdes entwickelt.

32 Der Begriff des Labyrinths wird gewöhnlich mit dem mittelmeerischen Raum um die Insel Kreta in Verbindung gebracht. Die wahrscheinlich früheste Darstellung des Musters, das inzwischen allgemein als traditionelles kretisches Labyrinth akzeptiert ist, wurde kürzlich in *Pylos* bei Navarino in Südgriechenland entdeckt. Es ist die hier abgebildete Tontafel, die auf etwa 1200 v. Chr. datiert wird; sie trägt eine in den noch feuchten Ton eingeritzte Labyrinthzeichnung. Diese Zeichnung hatte wahrscheinlich eine ähnliche Bedeutung wie ein weiteres Labyrinthmuster, das auf einen Firstziegel der Akropolis in Athen eingeritzt ist. Auf der Oberfläche dieses Ziegels war eine kunstvolle Zeichnung zu sehen, aber als er von seinem Platz im First des Giebelfeldes herunterfiel, kam das labyrinthische Muster zum Vorschein. Man nimmt an, daß es sich um das Geheimzeichen eines Künstlers handelt.

33 Wie die folgenden Abbildungen zeigen, fand das konventionelle kretische Labyrinth in vielen fernen Ländern Verbreitung. So entdeckte man zum Beispiel ein Labyrinthmuster auf einer Säule im Hause des Lucretius in *Pompeji*. Pompeji wurde durch den Ausbruch des Vesuv im Jahre 79 verschüttet, so daß die Zeichnung ungefähr 2000 Jahre alt sein muß. Die Inschrift lautet: LABYRINTHUS HIC HABITAT MINOTAURUS, was nach Trollope nichts anderes bedeuten sollte als: »Hier lebt ein großes Tier«![25]

34 Auch in Großbritannien finden sich die Felsgravierungen mit dem traditionellen kretischen Labyrinth. Die Abbildung zeigt eines von zwei Ritzbildern, die erst 1948 entdeckt wurden. Sie sind nebeneinander in einen vertikalen Felsen im Unterholz an den Hängen des *Rocky Valley* bei Tintagel, Cornwall, gemeißelt.

35 Eine ähnliche Felszeichnung wurde 1908 auf einem Stein neben einem Pfad in den Wicklow Mountains, Irland, entdeckt. Der Stein ist ca. 1,20 m hoch und wird als *Hollywood-Stein* bezeichnet, weil er bei Hollywood im Bezirk Lockstown gefunden wurde. Die Fundstelle ist nur wenige hundert Meter von Glendalough, einem früher wichtigen religiösen Zentrum, entfernt. Deshalb nimmt man an, das der gravierte Stein eine religiöse Wegmarkierung war. Nach einer anderen Interpretation könnten dieses Labyrinth und diejenigen von Rocky Valley (wie auch vielleicht andere, noch nicht entdeckte) ›Visitenkarten‹ gewesen sein, die wandernde Künstler minoischer oder mykenischer Herkunft hinterlassen hätten. Der Hollywood-Stein befindet sich heute im National Museum von Irland; 1964–65 erregte er auf der Weltausstellung in New York große Aufmerksamkeit.

36 Dieser ›Labyrinthstein‹ befindet sich in einem kleinen Park etwa 7,5 km westlich von *Helmet*, Kalifornien. Er wird auf 13 000 v. Chr. datiert (was nicht sehr glaubwürdig erscheint) und den Kaskadiern, den Vorfahren der Maya, zugeschrieben. Andere vermuten, das er buddhistischen Ursprungs ist, da im Jahre 458 fünf buddhistische Mönche in einer Dschunke mehr als 10 000 Seemeilen von Ostasien nach Kalifornien gesegelt sein sollen. (Das Datum zumindest ist wahrscheinlicher.) Eine solche Seereise kann freilich stattgefunden haben, denn es wird berichtet, daß zwischen 1782 und 1875 mehr als vierzig Dschunken an die Westküste Nordamerikas angetrieben worden seien.

37 Auch dieses Labyrinth, das in einen Felsen in *Oraibi*, Arizona, USA, etwa 135 km östlich vom Grand Canyon, geritzt ist, läßt den Einfluß des traditionellen kretischen Musters erkennen. In der Kultur der Hopi-Indianer treten sowohl kreisförmige als auch quadratische Labyrinthe auf. Weitere Beispiele finden sich in den Ruinen der *Casa Grande* im Gila Valley, Süd-Arizona, und auf einem Felsen in der Nähe des Hopi-Pueblos *Shipaulovi* in Nord-Arizona. Das Symbol hat auch in das indianische Kunsthandwerk Nordamerikas Eingang gefunden (Abb. 241, 242).

Manche vermuten, daß das Labyrinth erst in der Mitte des 7. Jahrhunderts aus Europa eingeführt wurde, als die Hopi über zahlreiche europäische Kontakte verfügten. So wurde zum Beispiel im Jahre 1629 eine Franziskanermission weniger als 3 km von Shipaulovi entfernt errichtet. Andere nehmen dagegen an, daß das Labyrinth für die Hopi das Symbol der Mutter Erde gewesen sei und die geistige Wiedergeburt dargestellt habe; dieser Glaube, wie ihn Frank Waters' ›Book of the Hopi‹[26] beschreibt, ist ähnlich auch in anderen Teilen der Welt anzutreffen.

Ägyptische Gräber, Tempel und Siegel

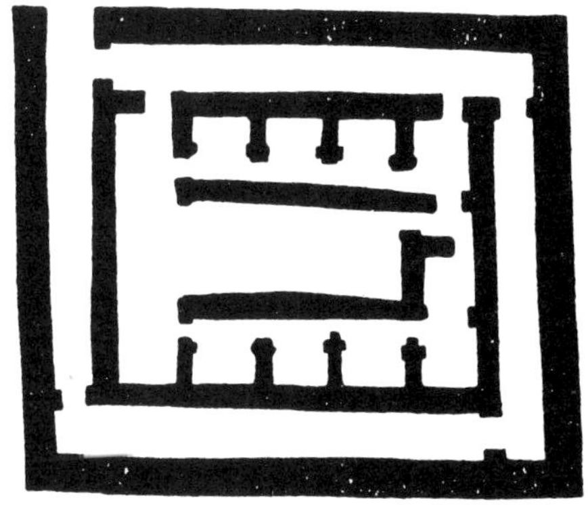

38 Die Grundrisse früher ägyptischer Grabstätten erinnern häufig an einfache Labyrinthformen. Ein Beispiel ist das Grab des Königs Perabsen aus der 2. Dynastie (etwa 3400 v. Chr.), das hier im Grundriß gezeigt wird. Das Grab lag in der mittleren Kammer, die von einem Umgang mit vorstehenden Mauerteilen umgeben war – möglicherweise ein Hinweis darauf, daß ursprünglich Türen den Weg versperrten. Es kennzeichnete den Beginn eines neuen Stils im Grabbau, bei dem offenbar das Verbergen oder Ausschließen eine wichtige Rolle spielte. Nur die Eingeweihten durften die königlichen Gräber betreten. Später wurden außerhalb der Grabstätten Totentempel errichtet, und die labyrinthische Form wurde vom Grab auf den Tempel übertragen, in welchem die Bestattungsriten für den toten Gottkönig stattfanden.

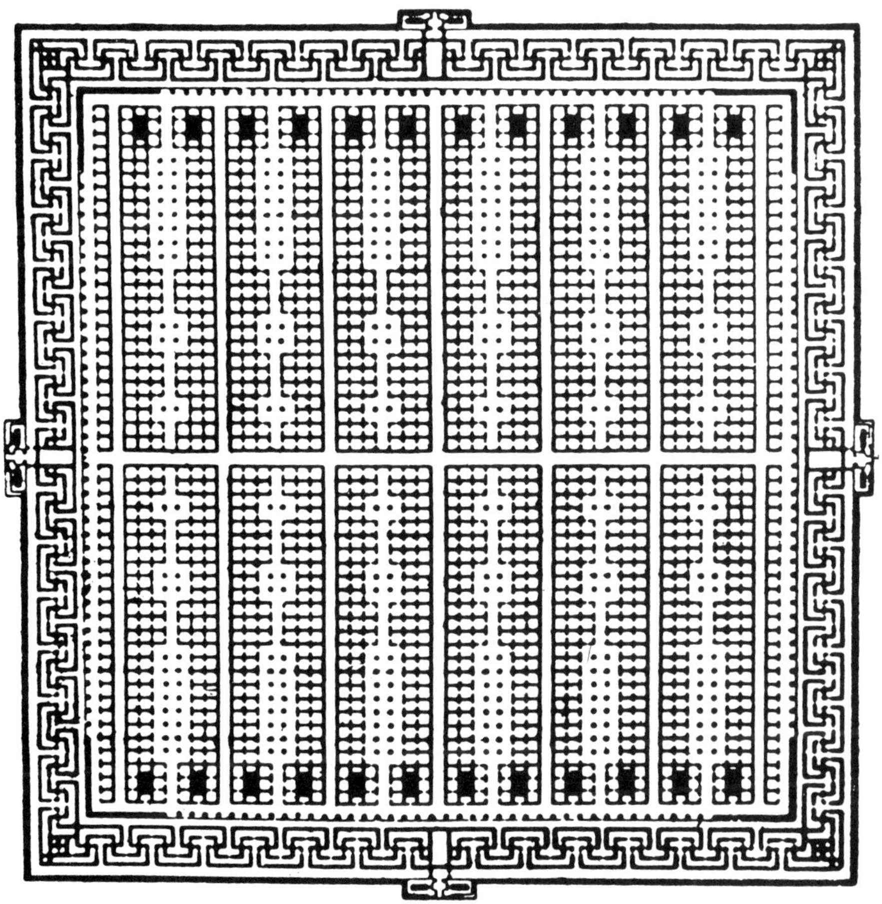

39–41 Der Tempel Amenemhets III., der neben seiner Pyramide im Faijum entstand, wurde von Herodot, Strabo, Diodorus Siculus, Plinius und anderen als »ägyptisches Labyrinth« beschrieben. Plinius schreibt: »Unbezweifelt nahm Daidalos dies Labyrinth zum Vorbild dessen, welches er in Kreta baute, das aber nur den hundertsten Theil so groß ist und eine Menge krummer Gänge, Gegengänge und unentwirrbare Windungen enthält ... es waren viele Thüren darin angebracht, um das Begegnen zu erschweren... Schon ermüdet vom Gehen kommt man an jene unentwirrbaren Irrgänge. Ja, auch die Speisesäle liegen hoch wie auf den Hügeln... Einige jener Gebäude haben eine solche Einrichtung, daß, wenn man die Thüren öffnet, im Inneren ein furchtbares Donnern entsteht, und größtentheils geht man durch alle Gänge im Dunkeln.«[27]

Das Labyrinth, das um 2000 v. Chr. entstand, wurde zur Zeit der Römer zerstört; an seiner Stelle wurde eine Stadt errichtet. Erst 1888 konnte

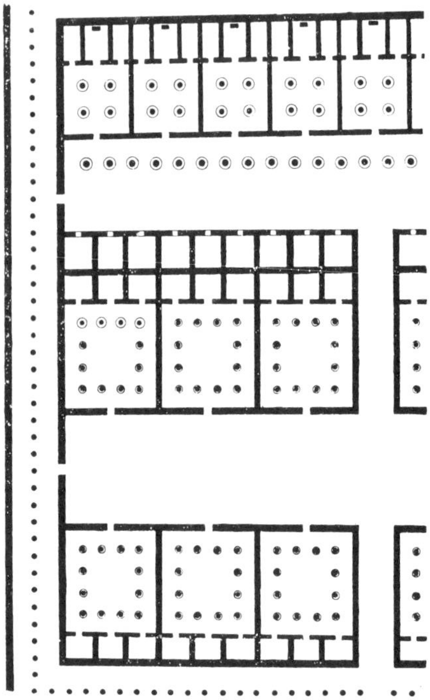

Professor Flinders Petrie den genauen Standort des Labyrinths ermitteln. Die Abbildungen zeigen Grundrisse zweier Restaurierungsvorschläge, einer von dem italienischen Archäologen Canina (Abb. 39), einer von Petrie (Abb. 40; westliche Hälfte). Abbildung 41 zeigt eines der Relieffragmente, die auf dem Gelände gefunden wurden. Der König kniet in einem Boot und öffnet die Tür eines Schreins, der einen heiligen Baum enthält.

42–44 Auch auf ägyptischen Siegeln und Tafeln begegnen labyrinthische Symbole. Die Siegelmuster fand man auf den Verschlüssen von Gefäßen in Königsgräbern; das verdeutlicht wiederum die Verbindung zwischen Labyrinth und Tod. Abbildung 42 zeigt zwei Siegel der 8. Dynastie (ca. 2400 v. Chr.), Abbildung 43 eines aus der 18. Dynastie. Auf Abbildung 44, einer Speckstein-Tafel aus Memphis (8. Dynastie), sind zwei sitzende Figuren zu sehen, möglicherweise der Gottkönig und eine Göttin bei einer rituellen Handlung. Darunter ein Labyrinth mit (wenn man sich die fehlende Ecke ergänzt) fünf irreführenden Abzweigungen.

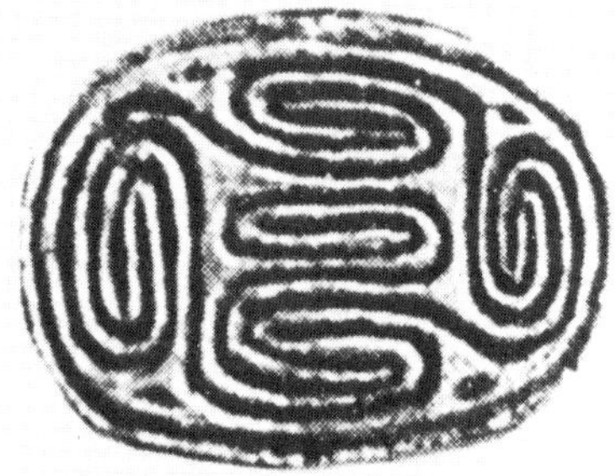

Das kretische Labyrinth

45, 46 Die Lage des ursprünglichen kretischen Labyrinths hat sich niemals genau feststellen lassen. Einige antike Schriftsteller vertraten die Meinung, die Legende habe in einem der Höhlenkomplexe und Steinbrüche der Insel ihren Anfang genommen, vielleicht nahe *Gortis* im Süden, wo die Gänge wahrhaft labyrinthisch sind. Im Jahre 1700 erforschte der französische Botaniker G. P. de Tournefort die Höhlen von Gortis: »Dieser berühmte Ort ist ein unterirdischer Gang in der Art einer Straße, der mit tausend Verzweigungen und Windungen, wie durch bloßen Zufall und ohne die geringste Regelmäßigkeit, durch die gesamte Höhlung oder das Innere eines kleinen Hügels am Fuße des Idagebirges führt ... Der Eingang in dieses Labyrinth ist eine natürliche Öffnung, sieben oder acht Schritte breit, aber so niedrig, daß selbst ein mittelgroßer Mann nur gebückt hindurchgehen kann.«

C. R. Cockerell erforschte die Höhle zu Beginn des 19. Jahrhunderts; seine Gruppe nahm klugerweise ein Knäuel Bindfaden mit auf den Weg. Er schreibt: »Die offenbar absichtlichen Verzweigungen und die scheinbar endlose Zahl von Gängen erfüllten mich mit einem unbeschreiblichen Gefühl des Entsetzens und der Faszination. Nach jedem zehnten Schritt mußte man stehenbleiben und sich nach links oder rechts wenden, und manchmal hatte man die Wahl zwischen drei oder vier Wegen. Was wäre geschehen, wenn wir die Spur verloren hätten!«

Die Stiche zeigen den Eingang zu einer der Höhlen (oben) und (darunter) einen Plan der Gänge der wahrscheinlich bekanntesten Höhle bei Gortis.

Die Gleichsetzung von Labyrinth und Höhle ist durchaus naheliegend. Höhlen übten auf den Menschen der Frühzeit eine große Anziehungskraft aus, und er wählte für die Durchführung seiner Rituale häufig Höhlen mit schwierigem Zugang. Vielleicht stellten Höhlen für ihn die Verbindung zwischen seiner Welt und der Welt der Toten dar, den Weg ins Innere der Mutter Erde. Es ist anzunehmen, daß die megalithischen Gräber sich von Höhlenbestattungen herleiten, wobei die Grabstätten künstlichen Höhlen entsprechen und der Leichnam wie ein Foetus zusammengerollt im Leib der Mutter Erde ruht.

Eine Verbindung zwischen Labyrinthen und Höhlen stellt auch das Wort ›Labyrinth‹ selbst her, das ›Ort des Steins‹ bedeuten soll. Welchen besseren ›Ort der Steine‹ gibt es als eine Höhle?

W. F. Jackson Knight faßt die enge Beziehung zwischen Höhlen und Labyrinthen zusammen: »Das Labyrinth ist eine Grenze zwischen außen und innen; es ist der Eingang zum Grab, es ist die Höhle, die Einlaß in die Erde gewährt, und vielleicht ist es der Leib der Mutter Erde und auch des göttlichen Königs.«[28]

47

48

47–52 Das kretische Labyrinth tritt auch auf den Münzen von Knossos in Erscheinung, manchmal in quadratischer Form, manchmal rund (vgl. Abb. 11) und manchmal nur durch Mäandermuster angedeutet. Ein Mäander, der die Figuren göttlicher und königlicher Personen umgab, symbolisierte Schutz; der Stier war ein Emblem der Göttlichkeit. In Ägypten stellten ein Stern oder eine Rosette das Emblem des Königtums dar.

Die hier abgebildeten sechs Münzen werden wie folgt datiert: Abbildung 47 auf 500–430 v. Chr., die Abbildungen 48 und 49 auf 430–350 v. Chr.; Abbildung 50 stammt wahrscheinlich aus dem 2. Jahrhundert v. Chr., Abbildung 51 aus dem 2. oder 1. vorchristlichen Jahrhundert und Abbildung 52 aus dem 1. Jahrhundert v. Chr.

49

50

51

52

53 Die Legende vom kretischen Labyrinth berichtet, Dädalus habe es auf Anweisung des kretischen Königs Minos (der später Richter im Hades,

der Unterwelt, wurde – eine rein zufällige Beziehung zwischen Labyrinth und Tod?) errichtet. Das Labyrinth beherbergte den Minotaurus, halb Stier, halb Mensch, der einer Verbindung von Minos' Gemahlin Pasiphaë und einem Stier entstammte. Aufgrund eines früheren Ereignisses mußten die Bewohner Athens Minos jedes neunte Jahr (eine Zahl, über die sich die Gelehrten freilich nicht einig sind; vgl. die folgenden Angaben Frazers) sieben Jünglinge und sieben Jungfrauen schicken, die dem Minotaurus geopfert wurden. Vielleicht war auch Theseus, der Heros Athens, unter den zum Opfer Bestimmten. Jedenfalls beschloß er, den Minotaurus zu töten; gelang ihm das, würde künftig kein Opfer mehr gebracht werden müssen.

Minos' Tochter Ariadne fühlte sich zu Theseus hingezogen; um ihm zu helfen, gab sie ihm auf den Rat des Dädalus ein Knäuel Garn, mit dessen Hilfe er seinen Weg wiederfinden und aus dem Labyrinth entfliehen konnte. Sobald er das Innere erreicht hatte, tötete er den Minotaurus, verließ das Labyrinth mit den zum Tribut bestimmten Jünglingen und Jungfrauen und segelte heimwärts. Unterwegs landeten sie auf Delos, wo sie ihren Sieg mit dem Kranichtanz feierten.

J. G. Frazer gibt in ›The Golden Bough‹[29] eine interessante und nur wenig bekannte Interpretation dieser Sage. Er legte seine Theorie ausführlich dar und schließt: »Insgesamt lassen die zuvor aufgeführten Tatsachen ... die Folgerung zu, daß der König in Knossos den Sonnengott darstellte und daß seine göttlichen Kräfte alle acht Jahre auf einem großen Fest erneuert wurden. Dazu gehörten erstmals die Feueropferung von Menschen an ein stierköpfiges Symbol der Sonne und zweitens die Hochzeit des als Stier verkleideten Königs mit der Königin, die als Kuh verkleidet war, wobei die beiden Sonne und Mond personifizierten.«

Der Sieg des Theseus über den Minotaurus ist häufig von Künstlern dargestellt worden. Abbildung 53 zeigt eine Kylix (Schale) aus Vulci, Etrurien, die Theseus' größte Taten wiedergibt; der Mittelteil ist der Tötung des Minotaurus vorbehalten. Die Mäandermuster sollen möglicherweise das Labyrinth symbolisieren.

54 Auf diesem Terrakotta-Relief (das zu einem Ornament auf einer großen Vase im Corneto-Museum gehört) ist der Ariadne-Faden als Spirale dargestellt. Der Faden scheint aus ihrem Kopf zu kommen, was an das ›Silberband‹ erinnert, das gelegentlich bei Fällen von Astralprojektion vorkommt, wenn der Astralleib eines Menschen sich von dem irdischen Körper trennt. Manchmal (aber nicht immer) sind die beiden Körper durch ein Band verbunden, und zwar gewöhnlich am Kopf. Es heißt, daß das Band beim Tode durchtrennt wird und der Astralleib den irdischen Körper für immer verläßt. Angesichts der Zusammenhänge zwischen Spirale, Labyrinth und Tod lohnt es sich, über diese Vorstellung nachzudenken.

55 Die Tötung des Minotaurus ist nur eines der Themen dieses panoramaartigen Gemäldes mit dem Titel *Theseus und Ariadne*. Es stammt aus dem 15. Jahrhundert und gehört der italienischen Schule an. In dieser, und in allen anderen Darstellungen, wird das kretische Labyrinth als einläufige Anlage gezeigt. Man sollte deshalb annehmen, daß der Ariadne-Faden überflüssig gewesen sei. Er wäre höchstens dann von Nutzen gewesen, wenn die Gänge des Labyrinths dunkel gewesen wären. Hätte Theseus angehalten und sich aus irgendeinem Grunde umgedreht, so hätte er dann vielleicht nicht mehr wissen können, in welcher Richtung der Weg führte.

►

56 Eine weitere italienische Darstellung von Theseus und dem Labyrinth findet sich in der Florentiner Bilderchronik. Diese frühe Zeichnung wird Baccio Baldini zugeschrieben.

EGEO
TESEO

GIOVE
GIOVE
LABERINTO
TES
EUS

57 Dieser Kupferstich aus der Schule von Finiguerra geht möglicherweise auf die Zeichnung aus der Florentiner Bilderchronik (Abb. 56) zurück. Der Faden ist hier an einem Haken am Eingang zum Labyrinth befestigt.

58 Auf Buch VIII der ›Metamorphosen‹ des Ovid geht dieser Kupferstich mit der Darstellung des Theseus zurück. Das Mädchen muß Ariadne sein, denn sie hält einen Faden in der Hand, der wohl das Garnknäuel wiedergeben soll.

59 Die Tötung des Minotaurus wirkt in den vorhergehenden Abbildungen unwirklich und rein symbolisch. Diese jüngere Darstellung von Thomas Erat Harrison, einem viktorianischen Bildhauer, Maler und Radierer, ist realistisch und läßt außer Zweifel, daß Theseus kein Mitleid mit dem unterworfenen Minotaurus hatte. Das Bild ist auch wegen der ungewöhnlichen Interpretation des Labyrinths interessant, das wahrscheinlich durch die gewundenen Straßen, Stufen und Brücken an den Bergspitzen links angedeutet werden soll.

60 Dieser Kupferstich aus dem 17. Jahrhundert von Johann Wilhelm Baur illustriert ein weiteres Ereignis aus der Sage von Theseus. Nachdem er den Minotaurus getötet hatte (man sieht das Labyrinth auf dem Bild), ließ er Ariadne auf Naxos zurück. Dort wird sie von dem Gott Dionysos (oder Bacchus – Gott des Weines und der Ekstase) gerettet. Dionysos verehelicht sich mit ihr, und nach ihrem Tode verewigte er ihren Hochzeitskranz als Sternbild am Himmel – die Corona Borealis.

61 Dädalus half Ariadne, Theseus aus dem Labyrinth zu befreien, indem er das Garnknäuel anfertigte, das sie ihm übergab. Als König Minos dies hörte, sperrte er Dädalus mit seinem Sohn Ikarus in das Labyrinth. Der erfinderische Dädalus fertigte Flügel aus Wachs und Federn an und flog mit Ikarus davon. Aber obwohl sein Vater ihn warnte, flog Ikarus zu hoch, und die Sonne schmolz das Wachs, so daß er ins Meer stürzte. Diese Tragödie ist auf einem Basrelief (mit den Maßen 145 × 88,5 cm) an einer Mauer im Hof des Hôtel du Grand Maître de France in Compiègne dargestellt. Auch hier ist wieder das Labyrinth abgebildet.

Anordnung deß Fewerwercks.

ACTUS PRIMUS.

Es fanget die Beleuchtigung deß auffgerichten Lust-Fewerwercks mit angetrettener Nacht an.

NAchdem Ihro Kayserl. Mayest. die Fenster betretten / das anfangs Zeichen durch einen fliegenden Adler / nach dem auffgerichten Fewerwerck gegeben / wird der Anfang gemacht mit dem in Fewer stehenden grossen Adler / vnd nebenstehenden Buchstaben V. L. V. C. Dann auff denen Pasteyen ein Salva auß 30. gantz vnd halben Karthaunen gegeben / vnd nach dero Endung werden die aufssteigende / vnd außfahrende Fewer in ihrer Ordnung den Anfang nehmen / vnd zwar erstlich mit zwey grossen Girandollen / hierauff werden die 16. herumbstehende Bilder auff ihren Postamenten in völliger Flam̃ gesehen / zu Helffung derselben krachen vnd knallen / wird continuirt mit Entzündung allerley groß vnd kleinen Ragetten / wie auch groß vnd kleinen Lust-Kuglen / beederseits gespillet / wie nicht weniger wird an allen Postamenten / darauff die Figuren stehen / ein lauffendes Feuer-Rad gesehen. Gleich wehrender dieser Action wird auff beeden Seiten mit Lust-Kuglen Abwechslungs Weiß gespillet / vnd wird die hoche Lufft allezeit mit allerley auffahrenden Lust: wie nicht weniger die Erden mit außfahrenden Fewer erhalten vnd bedecket seyn. Der Beschluß der ersten Action wird beschehen mit 3. Ragetten / jede am Gewicht 100. Pfund. Vier 60. pfündige Lust-Kuglen vnd ein Salva von 100. Köglen mit 300. Schlögen.

ACTUS SECUNDUS.

NUn wird das Anfangs Zei... einem Pöller mit einer 28. pfündigen Granaten gegeben / gleich darauff nimbt auß den Irr-Garten seinen Flug Dædalus mit seinem Sohn Icaro; werden vergesellschafftet / mit allerhand groß vnd kleinen Rageten. Hierauß wird Theseus mit seinem Fewer außwerffenden Streit-Kolben den Minotaurum einäschern / Theseus aber vnverbrent verbleiben / wehrender dieser Action werden vnauffhörlich die hoche Lufft mit Rageten / das Mitl mit Stern-Fewer die Erd mit andern außfahrenden Fewern erfülle seyn. Zum End dieser anderten Action wird Ariadne dem Theseo ihren fewrigen Faden in den Irr-Garten werffen / welcher diesen Faden nachfolgend auß den Schrancken vmbwegen deß Irr-Gartens biß für dessen Porten herauß vnverletzt gelangen wird. Hierauff folget die Salva von 100. Kögeln mit auffahrenden Fewern / so den anderten Actum beschliessen.

ACTUS TERTIUS.

DEr dritte Actus: fanget an mit Undergang deß Minos, gehet mit krachen vnd knallen zu Boden / dann zündet Theseus mit seinen Feuerigen Streit-Kolben den gantzen Irr-Garten an. Hierauff werden gesehen die schöne Brandt / vnd Leicht-Kuglen / sowohl im Irr-Garten / als denen Säulen-Gländern: wie auch auff den vier Thürn schöne spillente Feuer. Wehrender dieser Action werden vnauffhörlich die hoche Lufft mit schönen Ragetten / das Mitl mit Stern-Feuer vnd die Erden mit ander außfahrenden schönen Feuern erfüllet seyn. Nach vollendung dieser wird ein Zeichen gegeben auß einen 28. Pfündigen Pöller mit Werffung einer Granatten / darauff werden sich entzünden vnd geworffen werden vier 60. Pfündige vnd zwey 100. Pfündige Triumph-Kuglen / nach spillung dieser Kuglen werden anfangen auffzusteigen die gar grossen Ragetten / 4. von 200. Pfundt / 4. von 100. Pfundt / 6. von 50. 6. von 36. vnd 6. von 25. Pfundt / Der Beschluß aber wird mit 100. Köglen / zweyen grossen Girandollen vnd Lösung der 30. obbenenten Stuck gemacht werden.

Gedruckt zu Wienn / bey Michael Thurnmayer / der Hochlöbl. Universität Buchdrucker / Anno 1673.

62 Diese merkwürdige Darstellung von Theseus, der den Minotaurus tötet (und Ikarus, wie er vom Himmel fällt) geht auf das Jahr 1673 zurück. Es handelt sich offenbar um die Ankündigung einer Feuerwerksvorführung mit dem Titel ›Irrgarten Daedali‹, die in Wien stattfinden sollte. Der Kupferstich stammt von Johann Jacob Köchly und Johann Martin Lerch.

63, 64 Ein Labyrinth mit dem Minotaurus in der Mitte wurde häufig als Emblem verwendet. Das Siegel aus dem 16. Jahrhundert (Abb. 63) hat die gleiche Form wie jenes in ›Gemme Antiche‹ von P. A. Maffei (Anfang 18. Jh.). Der Minotaurus ist, wie es häufig geschah (vgl. z. B. Abb. 122), als Zentaur dargestellt. Form und Motiv der Abbildung 64 sind ganz ähnlich. Solche Darstellungen dienten in Enzyklopädien zur Illustrierung des Wortes ›Labyrinth‹.

65 (unten) Auf dieser Bronzeplakette italienischer Herkunft aus dem 16. Jahrhundert ist der Minotaurus ebenfalls als Zentaur wiedergegeben.

66 Abzeichen und Devisen waren im 14. Jahrhundert sehr beliebt. Das Abzeichen war für die Öffentlichkeit bestimmt, während die Devise eine verborgene Bedeutung enthielt. Sie bestand aus zwei Teilen, dem Bild und dem Motto; beide sollten »nicht so einfach sein, daß jedermann sie versteht, und nicht so geheimnisvoll, daß es einer Sphinx bedürfe, um sie zu interpretieren«.[30] Die hier abgebildete Devise des Gonsalvo Perez zeigt den Minotaurus im Labyrinth. Das Motto »In Schweigen und Hoffnung« ist von »In silentio et spe sit fortitudo nostra« – In Schweigen und Hoffen sei eure Stärke« (Jesaja 30, 15) hergeleitet. Perez war ein spanischer Geistlicher und bediente sich dieses Wahlspruchs als Sekretär Kaiser Karls V. in Neapel.

Die Devise des Boisdauphin de Laval, Erzbischof von Embrun, zeigt ein Labyrinth mit dem Motto »Fata viam invenient« – »Das Schicksal wird einen Weg finden«. Das gleiche Motto hatte Königin Christina von Schweden in ihrem Wahlspruch, der ebenfalls ein Labyrinth zeigt.

Rasenlabyrinthe

67 Rasenlabyrinthe werden heute hauptsächlich mit England in Verbindung gebracht, während Steinlabyrinthe als skandinavisch gelten. Beide Typen sind jedoch auch an anderen Orten anzutreffen; nach meinen Unterlagen existierten Rasenlabyrinthe in Deutschland, Italien, Schweden und möglicherweise in Frankreich und Island.

In England konnte ich acht noch bestehende alte Rasenlabyrinthe entdecken. Sicherlich gab es im Mittelalter sehr viel mehr, aber sie gehen schnell unter, sei es durch Vernachlässigung, sei es durch den Pflug. Im übrigen verdammten die Puritaner Rasenlabyrinthe ebenso wie Maibäume oder andere Bräuche.

Das nördlichste englische Labyrinth, das heute noch existiert, ist die abgebildete kleine Anlage *Stadt Troja* an einem grasbewachsenen Straßenrand bei den Dörfern Dalby und Brandsby in den Howardian Hills, North Yorkshire.

68 Ein weiteres Labyrinth in Yorkshire, auf dem *Ripon Common*, wurde 1827 untergepflügt. Es hatte einen Durchmesser von 18 m, der Weg war 366 m lang.

69, 70 Das Labyrinth von *Alkborough*, North Lincolnshire, (Durchmesser 13,20 m) liegt in einer Senke auf einer Hangterrasse über der Flußebene des River Trent, der dort in das Humber-Delta mündet. Man nimmt an, daß es um 1200 von Benediktinermönchen des Dorfes ausgestochen wurde; es könnte aber auch älter sein. In der Nähe liegt ein quadratisches Erdwerk, das den Namen ›Countess Close‹ trägt. Das Labyrinth wird *Julian's Bower* genannt, es ist dem in *Wing* (Abb. 76) verwandt; beide wiederum haben große Ähnlichkeit mit dem in Stein geritzten Labyrinth der Kathedrale von Lucca (Abb. 136) und anderen Kirchenlabyrinthen.

Julian's Bower war mindestens bis zum Beginn des 19. Jahrhunderts in Benutzung. Die Dorfbewohner

spielten dort ihre Maispiele, »in der undeutlichen Vorstellung einer Teilhabe an etwas Unsichtbarem und Unbekanntem«.

In *Alkborough* gibt es noch drei weitere Labyrinthe, die das gleiche Muster tragen und alle jüngeren Datums sind (Abb. 164–166).

71 In Lincolnshire gab es früher noch weitere Rasenlabyrinthe; das Labyrinth am Humber-Ufer in der Nähe von Marfleet war als *Mauern von Troja* bekannt. Auch dieses ähnelt dem von Alkborough.

72 Das Labyrinth *Robin Hood's Race* oder *Shepherd's Race* auf einem Hügel bei St. Anne's Well, Sneinton, Nottinghamshire, pflügte man 1797 unter, als das Gelände eingefriedet wurde. Der Grundriß mit den vier ›Eckbastionen‹ ist ungewöhnlich; eine ähnliche Anlage findet sich nur in *Saffron Walden* (Abb. 80). Der innere Kreis hatte einen Durchmesser von nahezu 19 m, der Gang war 589 m lang; er bestand aus kreisförmigen Gräben, die »in den Rasen gestochen und kaum 30 cm breit waren«.

Eine alte Dame, die sich aus ihrer Kindheit an das Labyrinth erinnerte, schrieb: »Ein weiterer Spazierweg führte mich zum sogenannten Shepherd's Race, einem merkwürdigen, in den Rasen gestochenen Labyrinth, von dem man annahm, daß die Mönche des Klosters St. Anne es zu ihrer Unterhaltung angelegt hatten. Wir mußten diese Wiesen überqueren, um zur Ebene von Sneinton zu gelangen. Ich bin viele Male mit großem Vergnügen durch das Labyrinth gelaufen. Es ist sehr schade, daß es zerstört wurde.«

In Nottinghamshire gab es ein weiteres Labyrinth in *Clifton*, etwa 6 km von Sneinton entfernt. Ein kleiner Grundriß dieser Anlage ist neben der Zeichnung des früheren Labyrinths von *Pimpern* (Abb. 86) wiedergegeben.

73 Da einige Rasenlabyrinthe in der Nähe von Kirchen oder Klöstern lagen, glauben manche, sie hätten ursprünglich rein religiösen Zwecken gedient; so wurden die Rasenlabyrinthe ähnlich interpretiert wie die Fliesenlabyrinthe, die sich in etlichen europäischen Kirchen finden. Es ist zwar möglich, daß Mönche und andere in den Rasenlabyrinthen – wie hier abgebildet – Bußübungen durchführten, die Kreuze im Rasen von *Sneinton* sprechen in diesem Fall tatsächlich für einen religiösen Zusammenhang. Dennoch fällt es schwer, die Theorie vom kirchlichen Ursprung zu akzeptieren, denn das Labyrinth hat eine lange Geschichte, die bis weit in die Zeit vor dem Christentum zurückreicht.

Das Labyrinth von *Sneinton* lag in der Nähe der 1409 errichteten Kapelle St. Anne. Eine wenig überzeugende Deutung dieser Anlage gibt der Historiker Dr. Deering aus Nottingham: »Ich nehme an, daß dieses Labyrinth im Freien von Priestern der Kapelle St. Anne geschaffen wurde, die so eingeschränkt lebten, daß sie nicht außer Sicht- und Hörweite geraten durften. Sie legten das Labyrinth an, um frische Luft zu schöpfen, da sie sich anders nicht betätigen konnten.«

74 ›Caerdroia‹ hießen die Labyrinthe, die von Hirten im walisischen Bergland in den Rasen gestochen wurden. Ob Caerdroia ›Stadt Troja‹ bedeutet oder dem walisischen ›Caer y troiau‹, Stadt der Windungen, entspricht, ist noch nicht geklärt.

Auch in Cumberland pflegten die Hirten Labyrinthe in das Weideland von Burgh und Rockliffe zu graben; sie nannten sie *Mauern von Troja.*

75 Bei dem dreitägigen Jahrmarkt, der jeden Juni in Boughton Green, Northamptonshire, stattfand, erfreute sich das Durchwandern des *Shepherd's Ring* oder *Shepherd's Race* großer Beliebtheit. Im Ersten Weltkrieg wurde dieses kleine Labyrinth (Durchmesser 11,10 m) zerstört, als Soldaten bei ihren Übungen dort Gräben aushoben; es ist nie wiederhergestellt worden. Heute ist keine Spur mehr zu sehen. Das Labyrinth lag 800 m vom nächsten Dorf entfernt in der Nähe der Kirche St. John the Baptist, die jetzt nur noch eine efeuumwucherte Ruine ist.

Der Grundriß des Labyrinths ist deshalb interessant, weil er in einer Spirale endet. Ein weiteres Rasenlabyrinth mit einer Spirale im Mittelpunkt gab es auf dem *Ripon Common* (Abb. 68).

76, 77 Das Rasenlabyrinth in *Wing*, Rutland, ist eines der wenigen guterhaltenen Beispiele. Es hat nur 12 m Durchmesser und erinnert in seiner Form an andere Rasen- und Kirchenlabyrinthe. Da es in der Nähe der Pfarrkirche liegt, wurde auch diesem Labyrinth religiöse Herkunft zugeschrieben; aber in noch geringerer Entfernung gibt es ein altes Hügelgrab. Der hier abgebildete Grundriß aus dem 19. Jahrhundert weist gegenüber dem Labyrinth selbst einige Abweichungen auf.

78 Im Osten Englands gibt es zwei guterhaltene Rasenlabyrinthe; das hier abgebildete befindet sich in *Hilton*, Huntingdonshire. Die Inschrift auf dem Obelisk in der Mitte besagt, daß es im Jahre 1660 von dem neunzehnjährigen William Sparrow angelegt wurde; vielleicht brachte er aber auch nur ein vernachlässigtes Labyrinth wieder in Form.

Nicht weit entfernt in Comberton, Cambridgeshire, gab es bis vor kurzem ein Rasenlabyrinth mit dem Namen *The Mazles* (es ist in Matthews' Buch ›Mazes and Labyrinths‹ abgebildet und beschrieben). Comberton liegt wiederum in der Nähe von *Bourn*, wo in der Kirche ein interessantes Fliesenlabyrinth zu sehen ist (Abb. 162).

»Die Liebhaber des Altertums, vor allem jene aus der unteren Klasse, sprechen stets mit großem Vergnügen von ihnen, als hätten sie etwas Außergewöhnliches, obwohl sie nicht sagen können, was es ist.«

William Stukeley über Rasenlabyrinthe in ›Itinerarium Curiosum‹, 1724

79–81 Wenn man die kleinen Rasenlabyrinthe in Brandsby, Alkborough, Wing und Hilton (alle mit etwa 12 m Durchmesser) besucht hat, ist das Labyrinth auf dem Dorfanger von *Saffron Walden*, Essex, eine Überraschung. Der Durchmesser des Kreises beträgt ungefähr 27 m, und von Ecke zu Ecke mißt es 41,50 m.

Nach 1699 (als es zum erstenmal in den Rechnungsbüchern der Gemeinde auftauchte) wurde es mehrmals neu gestochen. Bei der Erneuerung im Jahre 1911 wurden die Wege, wie auf der Großaufnahme deutlich zu erkennen ist, mit Backsteinen ausgelegt.

Gegen Ende des 18. Jahrhunderts war der Irrgarten besonders bei den jungen Männern der Stadt beliebt, die ein kompliziertes System von Regeln und Wetten erfanden. Wer ohne Fehler hindurchwanderte, wurde mit Bier belohnt.

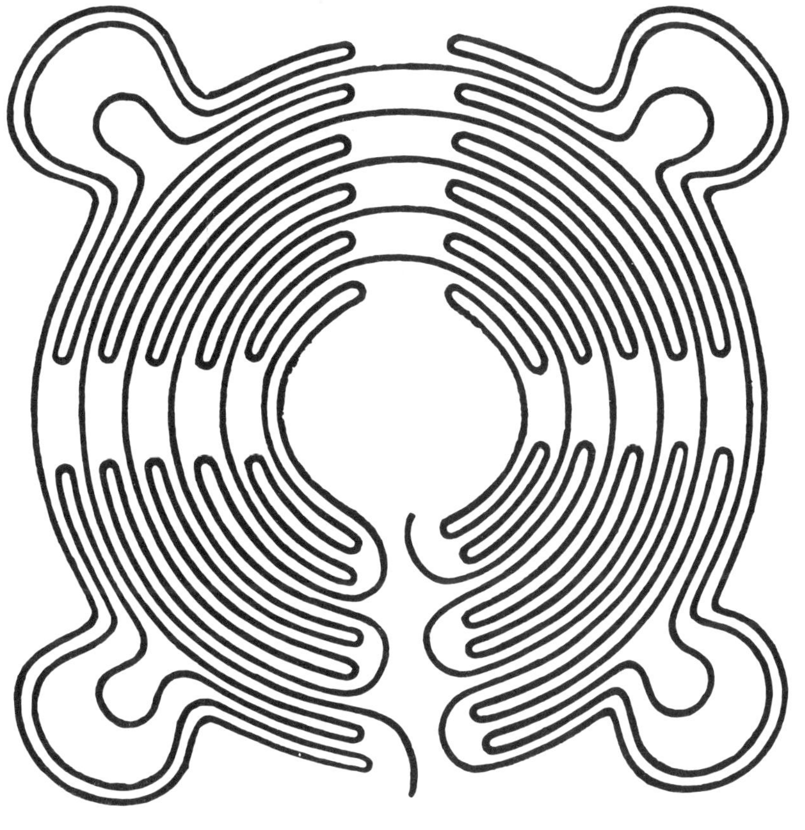

82 Das besterhaltene Rasenlabyrinth, das ich gesehen habe, liegt in Somerton, Oxfordshire und heißt *Stadt Troja*. Es mißt ungefähr 15×18 m, und der Weg ist 364 m lang. Dieses Labyrinth im Garten eines Gutshauses, das ebenfalls den Namen ›Troja‹ trägt, befindet sich in Privatbesitz, die Eigentümer bitten daher jeden, der den Irrgarten besichtigen will, um vorherige Anmeldung.

83 Im Süden Englands werden Labyrinthe häufig ›Mizmaze‹ (maze = Labyrinth) genannt, wie dieser Irrgarten in *Breamore*, Hampshire. Er hat wahrscheinlich die reizvollste Lage aller englischen Rasenlabyrinthe, denn er nimmt eine Lichtung in einem kleinen Wald ein und scheint kilometerweit von jeder Ansiedlung entfernt. Er ist durch einen Wald neben dem schönen Landhaus ›Breamore House‹ zu erreichen; wenn man zu ihm gelangen will, muß man einen langen Spaziergang durch die friedliche abgeschiedene Landschaft machen.

Dieses Labyrinth ist mit einem Durchmesser von 26 m relativ groß. Das ›Ziel‹ in der Mitte ist ein erhöhter Erdwall von 5,40 m Durchmesser. Es nimmt einige Zeit in Anspruch, das Labyrinth zu durchlaufen (die Abbildung zeigt die Autorin dabei); früher hieß es, daß während ein Mann das Labyrinth durchquerte, ein anderer von dem Labyrinth bis zu dem fast einen Kilometer entfernten Gallows Hill und zurück laufen konnte.

84 Ein weiteres ›Mizmaze‹ gibt es auf dem *St. Catherine's Hill* nahe Winchester, Hampshire. Hier führt der Weg durch den Graben und nicht über den erhöhten Rasen. Matthews nimmt an[31], daß der Grundriß falsch interpretiert wurde, als jemand, der wenig davon verstand, das Labyrinth wiederherstellte – möglicherweise der Rektor von Winchester, von dem man weiß, daß er den Rasen in der Mitte des 19. Jahrhunderts neu gestochen hat. Die quadratische Anlage hat eine Seitenlänge von 25,80 m.

85 In Dorset gibt es heute keine Rasenlabyrinthe mehr, nur in *Leigh* ist noch eine Stelle zu sehen, an der sich früher eines befand. Ein niedriger Erdwall auf einem Hügel außerhalb des Dorfes umschließt die Fläche des ehemaligen Labyrinths. Es maß 30 Schritte im Durchmesser, und der Weg war von ca. 30 cm breiten und 15 cm hohen Aufschüttungen eingegrenzt. Hutchins schreibt in seiner ›History of Dorset‹ (1774): »Früher war es unter den jungen Männern des Dorfes Sitte, alle sechs oder sieben Jahre die Gräben neu auszuheben und die Wände zu glätten; der Tag, an dem dies geschah, wurde mit ländlichen Vergnügungen und Festlichkeiten begangen. Aber in den letzten Jahren wurde diese ersprießliche Tätigkeit vernachlässigt, sei es durch Mangel an Ermutigung ... oder sei es durch Mangel an Ehrfurcht für ein bedeutsames Werk des Altertums.« Das Labyrinth lag auf Gemeindeland, das um 1800 eingefriedet wurde; danach verfiel es, und heute ist nur noch der umschließende Erdwall zu sehen.

Rasenlabyrinthe werden manchmal auch mit Hexerei in Verbindung gebracht. Nach der örtlichen Überlieferung wurde die letzte Hexe von Dorset gefangen, als sie gerade ihre Riten im ›Mizmaze‹ von Leigh vollführte; anschließend wurde sie in Maumbury Rings, Dorchester, gehängt. Der Frauenverein von Leigh hat diese Überlieferung in seine Fahne aufgenommen, die eine Hexe über einem Labyrinth zeigt.

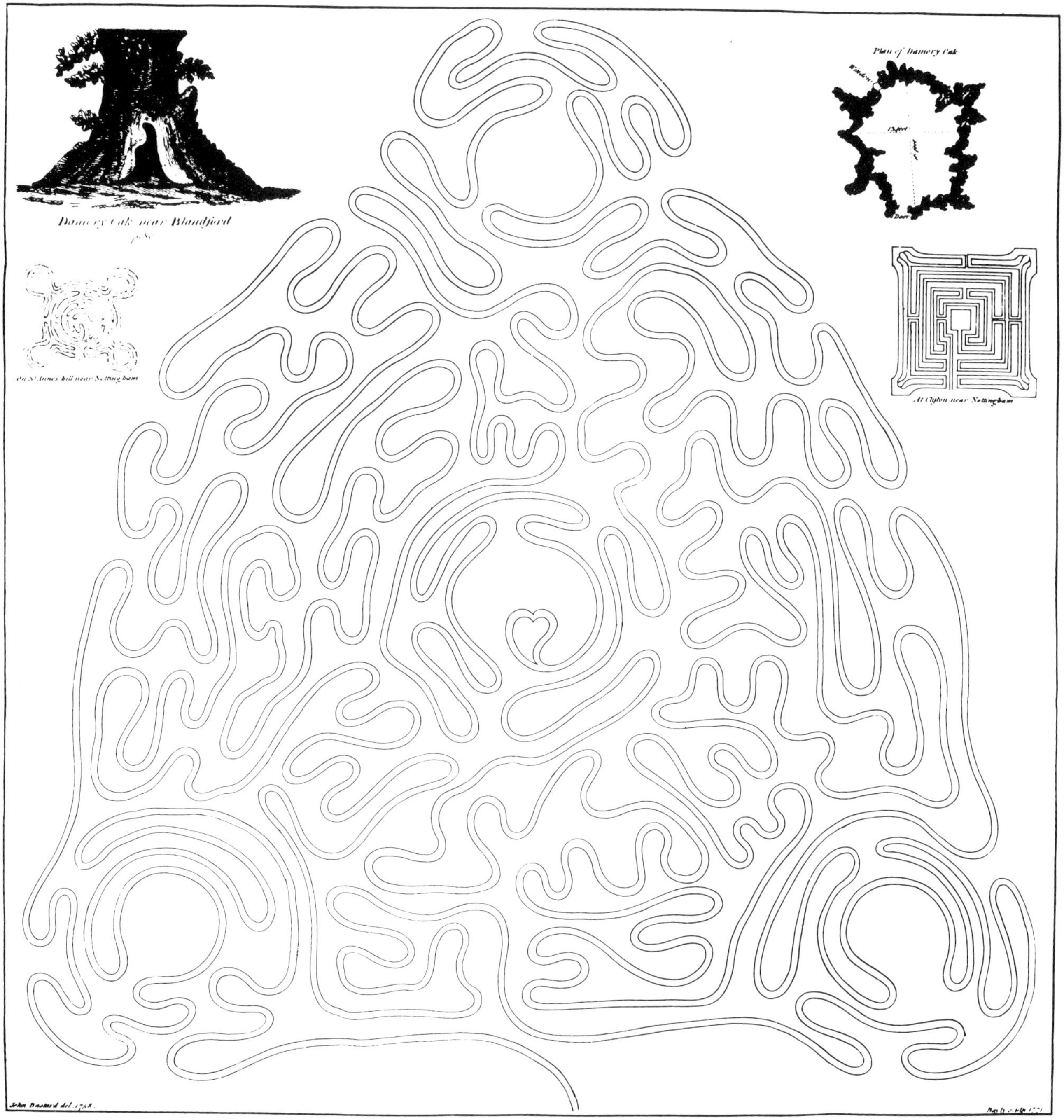

86 Es ist sehr bedauerlich, daß auch dieses ungewöhnliche Rasenlabyrinth in *Pimpern*, Dorset, zerstört wurde. Es hatte eine Fläche von nahezu 40 Ar; etwa 30 cm hohe Erdwälle begrenzten die Wege. Im Jahre 1730 wurde das Labyrinth untergepflügt. Die Anlage sieht geradezu modern aus und ist mit keinem anderen Rasenlabyrinth zu vergleichen. John Aubrey schrieb 1686, das Labyrinth werde »von jungen Leuten und Schulknaben an Festtagen häufig benutzt«. Der abgebildete Stich wurde nach einer Zeichnung von John Bastard aus dem Jahre 1758 hergestellt.

87–89 Die Abbildungen zeigen die beiden besterhaltenen Rasenlabyrinthe (oder ›Trojaburgen‹ – man beachte den Namen ›Troja‹) in Deutschland. Auf Abbildung 87 ist der zentrale Teil des Labyrinths in *Graitschen* zu sehen, auf Abbildung 88 und 89 das Labyrinth von *Steigra*, das in der Nähe eines Hügelgrabs liegt. Beide Labyrinthe befinden sich im Süden der DDR.

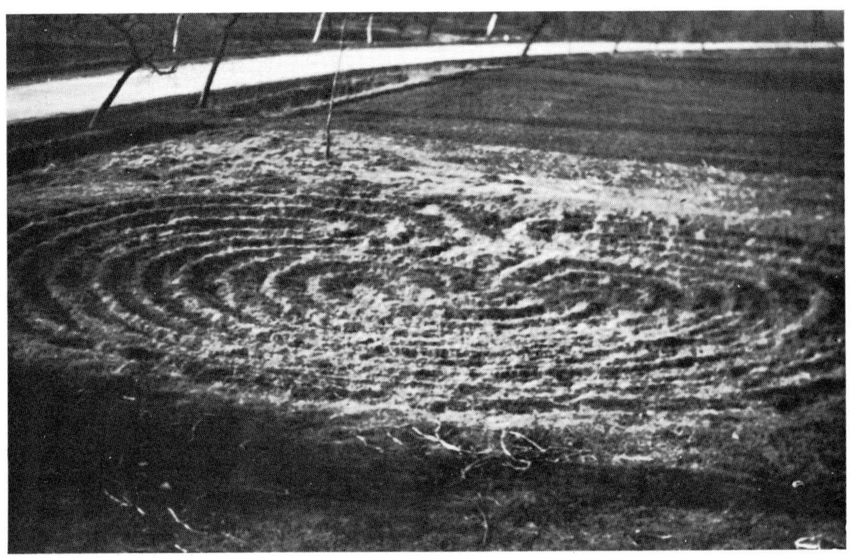

Tänze, Rituale und Spiele

90 Von Labyrinth-Tänzen war bereits in der Einleitung die Rede. Ein solcher Tanz oder Prozessionszug ist wahrscheinlich auf diesem etruskischen Terrakotta-Weinkrug aus Tragliatella dargestellt, der vom Ende des 7. Jahrhunderts v. Chr. stammt. Die Prozession wird von drei Personen angeführt, denen sieben junge Männer folgen, deren Schilde Eber zeigen. Danach kommen ein Mann und eine Frau, zwei Reiter mit Vogelzeichen auf den Schilden und ein Affe. Die Prozession geht von einem Labyrinth mit der Inschrift TRUIA aus oder steht damit in Verbindung. Hinter dem Labyrinth sind zwei kopulierende Paare zu sehen.

Ein Hinweis darauf, was hier vor sich geht, findet sich im 5. Buch von Vergils ›Aeneis‹. Nach römischer Überlieferung führte Aeneas das Trojanische Spiel (Ludus Trojae oder Lusus Trojae) in Italien ein, und sein Sohn Askanius machte die Römer durch Vermittlung über die Albanerkönige damit bekannt. Vergil schreibt: »Ruhig reiten die Knaben und strahlen den Eltern vor Augen . . . Wie das Labyrinth auf Kretas Höhen vor Zeiten Wegegespinst aus Wänden voll Nacht und täuschenden Trug mit tausend von Gängen der Sage nach bot, wo weisenden Zeichen Wirkung raubte der Wirrwarr des rückkehrweigernden Irrgangs, also flechten die Söhne der Teukrer die Spuren im Reigen . . . Diese Art des Reigens und diese Kämpfe erneute . . . wieder Askanius, lehrte die Urlatiner sie feiern, wie er als Knabe sie spielte im Bund mit der Jugend aus Troja. Alba lehrte die Seinen so; von hier übernahm das mächtige Rom den Brauch und erhielt ihn den Ahnen zu Ehren.« (Deutsch nach J. u. M. Götte, München 1972)

Dieser Ritus wurde zum erstenmal bei den Bestattungszeremonien der Trojaner für Anchises vollzogen; nach seiner Wiederbelebung blieb er mit Bestattungen verbunden – eine weitere Beziehung zwischen Labyrinth und Tod. Jackson Knight nimmt an[32], daß die labyrinthischen Bewegungen der Truja schlechte Einflüsse vom Grab fernhalten und zugleich jene zulassen sollten, die es besuchen durften.

Robert Graves gibt dagegen in seinem Buch ›The White Goddess‹ eine andere Interpretation[33]. Er schreibt: »Das labyrinthische Muster stellt also das ›Spiralschloß‹ oder die ›Stadt Troja‹ dar; dorthin begibt sich der heilige Sonnenkönig nach seinem Tode, und von dort kehrt er zurück, wenn es das Glück will.« Graves glaubt, daß dieser ganze Mythos auf dem Weinkrug wiedergegeben ist.

91 In Großbritannien haben sich viele alte Bräuche und Festlichkeiten erhalten; von einem Labyrinth-Tanz stammt möglicherweise der Geweihtanz ab, der jeden September in Abbots Bromley, Staffordshire, stattfindet. Die Tänzer tragen holzgeschnitzte Rentiergeweihe, jeweils drei Geweihpaare sind weiß und drei schwarz. Alle tanzen in einer Reihe, bis der Anführer, der immer wieder umkehrt und zurückläuft, sie zu einem Kreis vereinigt hat; dann stehen sich die Schwarzen und die Weißen gegenüber und vollführen einen symbolischen Kampf. Danach beginnt die Prozession von neuem.

Die Bedeutung dieses Ritualtanzes ist unbekannt. Manche glauben, er gehe auf einen Jägertanz zurück, aber die Quellen sind möglicherweise noch älter. Andere interpretieren den ›Kampf‹ als Auseinandersetzung zwischen Leben und Tod. Die sich schlängelnde Reihe der Tänzer, wie sie auf der Abbildung zu erkennen ist, erinnert an einen Labyrinth-Tanz, die Geweihe und Tierköpfe könnten den Minotaurus symbolisieren.

Eine Beschreibung des Kranichtanzes von Delos betont die spiralförmige Anordnung: »Wenn die Tänzer von rechts nach links, der Richtung der Rückentwicklung und des Todes, in das Labyrinth hineingetanzt sind, machen sie im Mittelpunkt eine Wendung und folgen ihrem Anführer nach draußen, diesmal in der umgekehrten Richtung, der Richtung der Entwicklung und Geburt. Das Spiralmuster des Geranos-Tanzes sybolisiert die Fortsetzung des Lebens nach dem Tod und gibt einen Hinweis auf die Unsterblichkeit als innersten Kern der menschlichen Erfahrung.«[34]

Ist es bloßer Zufall, daß früher in England auch Spiraltänze vorgeführt wurden? In einem Buch über die Folklore von Cornwall werden zwei Spiraltänze beschrieben, darunter ein »Schneckengang«: »Wenn die jungen Leute auf der großen Wiese versammelt sind, stimmt die Dorfkapelle eine einfache, aber muntere Melodie an und geht voran, gefolgt von der ganzen Schar, die Hand in Hand (oder im Falle von verlobten Paaren noch enger verbunden) mit rhythmischen Schritten den Takt zur Musik hält. Die Kapelle oder der Anführer der Reihe zieht immer engere Kreise, bis die Tanzlinie sich zu einer Spiralform verschlungen hat. Dann beginnt der interessanteste Teil des Tanzes, denn die Kapelle vollführt nun eine scharfe Wendung und löst den Kreis wieder auf, immer noch gefolgt von den anderen; einige junge Männer mit Zweigen als Standarten in den Händen dirigieren diese Gegenbewegung mit nahezu militärischer Präzision.«[35]

In diesem Buch wird noch ein weiterer Spiraltanz aus Cornwall beschrieben, den die Kinder ›Tabakrollen‹ nannten: »Sie fassen sich an den Händen und bilden eine lange Reihe, wobei die größeren Kinder anführen. Das erste Kind bleibt stehen, während die anderen singend in immer engeren Kreisen tanzen, bis alle zu einer dichten Spirale verschlungen sind. Dann macht der äußere Kreis eine Wendung und tanzt in die Gegenrichtung, von den anderen gefolgt.«

J. G. Frazer bringt das kretische Labyrinth mit dem Sonnenkult in Verbindung (vgl. Abb. 53); über den Kranichtanz schreibt er: »Sollte Ariadnes Tanz vielleicht den Lauf der Sonne am Himmel nachahmen? Und sollte er vielleicht durch magische Kräfte dem großen Himmelskörper bei seinem Gang am Firmament Beistand leisten? ... Wenn diese Vermutung zuträfe, dann wäre daraus zu schließen, daß die gewundenen Linien des Labyrinths, denen die Tänzer mit ihren Bewegungen folgten, die Ekliptik dargestellt haben, die scheinbare Bahn der Sonne am Himmelsgewölbe.«[36]

92 Die Moriskentänze sind im 20. Jahrhundert wieder zu neuem Leben erweckt worden; man kann sie in ganz England im Sommer (zum erstenmal am 1. Mai) an vielen Orten tanzen sehen. Dieser Brauch ist ebenfalls sehr frühen Ursprungs; möglicherweise geht er auf Fruchtbarkeitstänze zurück oder auf Feste, bei denen der Tod des Winters und die Geburt des Frühlings gefeiert wurden. In mancher Hinsicht gleichen die Moriskentänze den Labyrinth-Tänzen: Die Tänzer haben gewöhnlich ein Steckenpferd bei sich, das, halb Mensch, halb Tier, vielleicht den Minotaurus darstellt. Die Glocken, die sie an den Beinen tragen, ähneln in Zweck und Wirkung den aus hohlen Samenhülsen hergestellten Knöchelrasseln, wie die *na-leng*-Tänzer aus Malekula sie tragen, wenn sie bei Bestattungen Labyrinth-Tänze vorführen (vgl. Abb. 225–227).

93 Dieses eingeritzte Spielfeld wurde für ›nine men's morris‹ benutzt, eine Art Mühlespiel, das in England auch unter den Bezeichnungen ›trios‹, ›merrils‹ oder ›ninepenny morals‹ und auf der Isle of Wight als ›Belagerung Trojas‹ bekannt ist. Das Spiel war früher in England sehr beliebt; das rechteckige Spielfeld wurde in den Rasen gestochen, mit Kreide auf den Boden gemalt und in Tische, Stühle oder Kirchenfensterbänke geritzt – überall dort, wo Menschen zusammenkamen. Der hier abgebildete Stein wurde in *Old Sarum* bei Salisbury, Wiltshire, gefunden.

Aber das Spiel war nicht nur auf England beschränkt. So entdeckte man das gleiche eingekratzte Muster mit dem Namen ›Troja-Spiel‹ auf einer Fensterbank im Palazzo Camerlenghi in Venedig.

Ziel dieses Spiels für zwei war es, drei von neun Spielmarken in einer Reihe auf die Schnittpunkte der Linien oder in die drei Winkelpunkte einer Ecke zu bringen.

Abgesehen von den Bezeichnungen ›Belagerung Trojas‹ und ›Troja-Spiel‹ und abgesehen von der Tatsache, daß der Spielplan einem einfachen Labyrinth entspricht, läßt sich ›nine men's morris‹ auch über das Hinkelspiel mit Labyrinthen in Verbindung bringen.

94 Der Name ›merrils‹ für ›nine men's morris‹ leitet sich wahrscheinlich von dem alten französischen ›jeu de merelles‹ (Hinkelspiel) her. Der Spielplan für ›merrils‹ stammt möglicherweise von Hinkelfiguren ab, die in vielen verschiedenen Formen existieren.[37] Bei einigen Versionen spielen Spiralen oder kreisförmige Bewegungen eine Rolle, und da Hinkeln und andere Kinderspiele sehr frühen Ursprungs sind, könnte sich auch hier wieder ein ferner Anklang an Labyrinth-Tänze finden. Der deutsche Gelehrte Frederick Hirsch glaubt, daß Pflasterspiele von Kindern, wie Hinkeln, eine im Kollektivgedächtnis bewahrte Erinnerung an vorchristliche Kosmologien sind[38]. Er nimmt an, daß das Spiel den Lauf der Sonne symbolisiert; um seine Theorie zu untermauern, berichtet er, daß dänische Kinder »ein Jahr alt«

oder »ich habe ein Jahr« rufen, sobald sie einen Durchgang der Hinkelfigur den Regeln entsprechend hinter sich gebracht haben.

Auch Roger Caillois bestätigt den frühen Ursprung des Hinkelspiels, wenn er schreibt: »Das Hinkelspiel symbolisierte das Labyrinth, durch das der Initiant zuerst wandern mußte« und: »Im Altertum war das Hinkelspiel ein Labyrinth, in dem man einen Stein – das heißt die Seele – zum Ausgang stieß. Im Christentum wurde die Figur verlängert und vereinfacht, bis sie den Grundriß einer Basilika wiedergab. Beim Bewegen des Steines ging es nun darum, der Seele dazu zu verhelfen, daß sie den Himmel, das Paradies oder die Verklärung erreichte, die mit dem Hochaltar der Kirche zusammenfielen und auf dem Boden durch eine Reihe von Rechtecken schematisch dargestellt waren.«[39]

In Cornwall wurde die Spiralform des Hinkelspiels ›Schneckengang‹ genannt, ebenso wie der zuvor beschriebene Spiraltanz (Abb. 91).

95 An schottischen Stränden (und vielleicht auch an anderen Orten) wurden noch in den zwanziger Jahren Irrgärten mit der Bezeichnung ›Mauern von Troja‹ in den Sand gezeichnet; sie waren als Spiel für die Kinder gedacht, die hintereinander zum Mittelpunkt und wieder hinaus liefen.

Das hier abgebildete Sandlabyrinth zeichneten John Barnatt und Ken Beagley (vgl. Abb. 257) auf den Strand der Isle of Wight.

96 Ein Labyrinthspiel in modernem Gewand ist ›a Maze‹, ein Puzzle aus gegossenem Polystyrol von der Firma Design Objectives. Es hat einen transparenten Deckel, und innen befindet sich eine kleine Kugel. Diese Kugel muß durch Hin- und Herbewegen des Feldes zum Mittelpunkt des Labyrinths geleitet werden. Solche Spiele waren auch in Viktorianischer Zeit beliebt (vgl. Abb. 245).

97 Auch dieser transparente Kunststoffkubus ist ein modernes Puzzle, das auf das Labyrinth zurückgeht. Er ist mit transparenten Trennwänden, von denen einige ausgelassen sind, in 64 kleinere Kuben unterteilt. Eine Murmel, die in das Loch an der Oberseite gesteckt wird, muß durch das Labyrinth hindurchgelenkt werden, um an dem Loch auf der Unterseite wieder herauszukommen.

98 Im Laufe der Jahre sind viele Bücher über Labyrinth-Puzzles erschienen; solche Publikationen sind bis heute sehr beliebt. Das abgebildete Verwirrspiel stammt aus einem der Labyrinth-Bücher von Greg Bright, in dem die Puzzles entsprechend dem Schwierigkeitsgrad angeordnet sind. Hier geht es darum, von der Öffnung unten zu den kleinen Rhomben zu gelangen. – Weitere Puzzles bringt das diesem Bande beigefügte Spiel-Buch von Greg Bright.

Steinlabyrinthe

99 Während Rasenlabyrinthe typisch für England zu sein scheinen, kommen Steinlabyrinthe hauptsächlich in Skandinavien vor. Es gibt dort unzählige Labyrinthe aus Steinen oder Felsblöcken in verschiedenen Größen. Die meisten befinden sich offenbar in Schweden, aber es ist möglich, daß auch andere skandinavische Länder über hervorragende Beispiele verfügen, die nur den Einheimischen bekannt sind.

Das wahrscheinlich bekannteste schwedische Steinlabyrinth ist auf der Insel Gotland in der Ostsee. Es wird *Tröjeborg* genannt und liegt in einer Ebene unterhalb des Galgenhügels in der Nähe von Visby. Der Überlieferung nach wurde es im Mittelalter von einem Mädchen errichtet, das damit die Begnadigung seines Vaters, eines reichen Piraten, erlangen wollte. Es versprach dem Rat von Visby, den Fremdenverkehr zu fördern, und zwar durch den Bau eines so herrlichen Kunstwerks, daß die Leute von weither kommen würden, um es zu sehen.

100, 101 Ebenfalls in Gotland gibt es ein Labyrinth auf dem Rasen neben der Kirche von *Fröjel*. Es wurde im Mai 1974 von Stig Englund ausgegraben und restauriert; die Abbildungen zeigen den Zustand vor und nach der Restaurierung.

102 Diese Luftaufnahme zeigt ein Labyrinth in *Lindbacke* in der Gemeinde St. Nikolai, Provinz Södermanland, Südostschweden, das sich in seiner klaren Begrenzung deutlich abhebt.

103 Bei dem hier abgebildeten Labyrinth aus Südwestschweden scheinen die Steine sich allmählich zu zerstreuen. Es gehört zu vier Labyrinthen in der Gemeinde *Onsala* auf der Insel Ramnö, Provinz Halland.

104 Auch dieses Labyrinth liegt in Halland, diesmal in *Yttre Lön* in der Gemeinde Olmevalla. Die meisten Steinlabyrinthe sind in der Nähe des Meeres zu finden. W. F. Jackson Knight begründete diese Lage damit, daß dort möglicherweise die Seeleute Labyrinth-Rituale vollzogen hätten, bevor sie in See stachen. Die Toten waren ja »auf ihre Reise über das Meer aufgebrochen«, und die Seeleute, die vom Reich des Lebens in das Reich des Todes übergehen würden, schützten sich vor möglichen Gefahren in diesem unbekannten Reich, »indem sie es zeremoniell durch die Türen des ›Todeshauses‹, des Labyrinths, betraten.«[40]

105 Bei diesem Labyrinth in *Koholmen* bei Vinga, Gemeinde Styrsö, Provinz Bohuslän, in Südwestschweden sind die Felsblöcke verwittert und moosbedeckt und scheinen in die Landschaft überzugehen.

106 Die Luftaufnahme zeigt einen interessanten Blick auf das Labyrinth von *Tibble* in der Gemeinde Badelunda, Provinz Västmanland, in Südostschweden.

107 Nicht nur in Schweden sind Steinlabyrinthe zu finden. Laut Matthews' ›Mazes and Labyrinths‹ gibt es (oder gab es) sie auch in Lappland, Finnland und Norwegen. In Island waren ebenfalls Labyrinthe, manchmal aus Stein, manchmal aus Erde; sie wurden ›Völundarhús‹ genannt. Die meisten befanden sich im Nordwesten des Landes und dienten früher den Fischern zum Zeitvertreib. Heute sind fast alle verschwunden.

Die Abbildung zeigt das Labyrinth auf der Insel *Wier* im Golf von Finnland, das 1838 von Dr. E. von Baer entdeckt wurde.

Vor einem Jahrhundert wurde in Indien ein spiralförmiges Labyrinth aus kleinen Felssteinen aufgefunden. Es liegt in der Nähe der Ruinenstadt

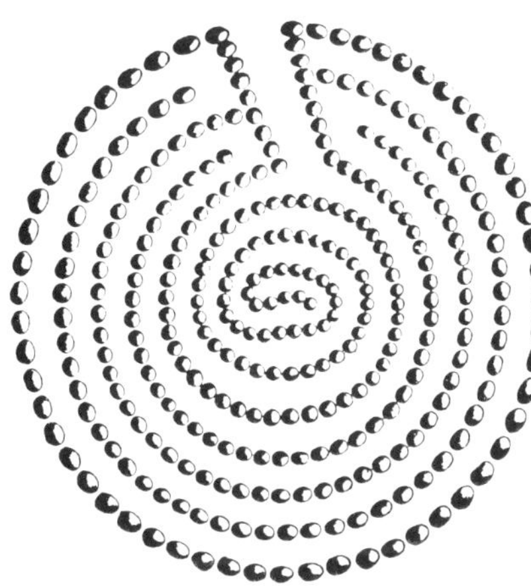

Kundani in *Hosur Taluq*, Distrikt Salem, Provinz Madras, nicht weit von der Zisterne Baire Gauni auf dem Berg südlich von Devar-Kundani[41].

108, 109 Auf *St. Agnes*, einer der kleineren Scilly-Inseln vor Cornwall, ist noch heute ein Steinlabyrinth zu sehen. Nach der örtlichen Überlieferung wurde es 1726 von einem Leuchtturmwärter aus London gebaut, der vielleicht aber auch nur eine ältere Anlage erneuert hat.

Die Abbildungen zeigen die ›Stadt Troja‹ im Jahre 1885 mit dem Wrack der Earl of Lonsdale im Hintergrund (rechts) und im Mai 1921 bei einem Besuch des Königs (links oben).

110 Dieses ›Touristenlabyrinth‹ liegt auf *St. Martin,* einer weiteren Scilly-Insel.

111 Die Römer sind berühmt für ihre Mosaikböden, in die sie häufig komplizierte Muster aufnahmen, darunter auch das Labyrinth. Die folgenden Abbildungen zeigen Beispiele aus ganz Europa.

Das auf dieser Seite abgebildete kunstvolle Mosaik wurde in einer römischen Villa bei *Salzburg* gefunden. Es ist 5,40 m lang und 4,50 m breit; in der Mitte ist Theseus zu sehen, der dem Minotaurus den Todesstoß versetzt.

112 Dieser Mosaikboden wurde 1830 in *Cormerod* im Kanton Fribourg, Schweiz, entdeckt.

113 Das Mosaik aus *Saint-Côme-et-Maruéjols* (Gard) in Südfrankreich bedeckt eine Fläche von 1,05 m×1,58 m.

114 (linke Seite) Dieser, leider beschädigte, Mosaikfußboden mit einem Labyrinthmuster wurde 1866 auf dem Friedhof von *Caerleon* in Südwales aufgefunden.

115 Im Jahre 1904 stieß man bei der Ausgrabung einer römischen Villa in *Harpham*, East Riding, Yorkshire, auf ein ungefähr 4,95×5,25 m großes Bodenmosaik mit Labyrinthmuster. Das Mosaik wurde restauriert und hängt heute im Treppenhaus des Rathauses von Kingston upon Hull.

Wer die Gänge des Labyrinths verfolgt, wird enttäuscht feststellen, daß man nicht hindurchgelangen kann. Im rechten unteren Viertel ist ein Irrtum unterlaufen, möglicherweise bei der Restaurierung. Die eine Ecke dicht am Mittelpunkt unterscheidet sich von den anderen; es dürfte keine Öffnung geben, die in den horizontalen Gang zum Mittelpunkt führt.

116 Dieses Labyrinth befindet sich in einer römischen Villa in *Italica*, etwa 9 km von Sevilla entfernt.

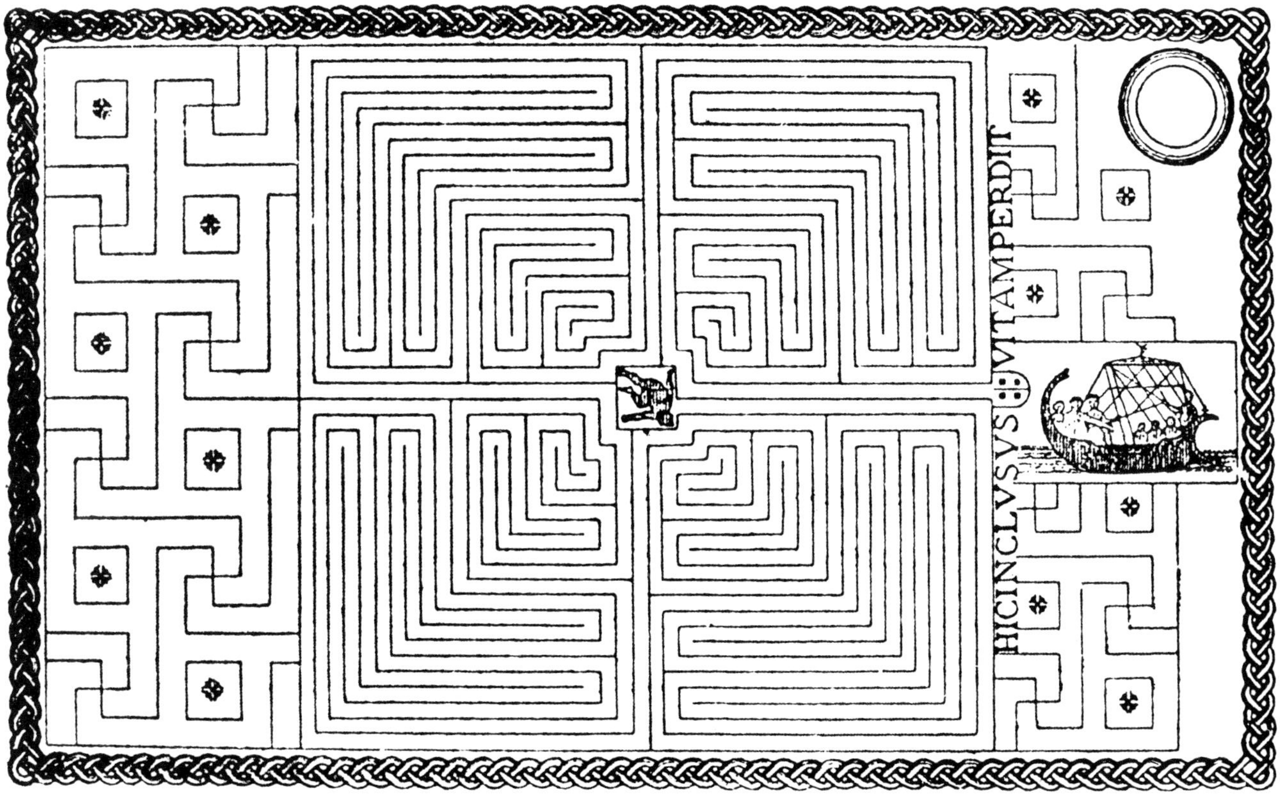

117 Theseus segelt davon und läßt den Minotaurus tot in der Mitte des Labyrinths zurück. Dieses Mosaiklabyrinth wurde im späten 19. Jahrhundert auf einem Grab in *Susa,* Tunis, entdeckt. Es wurde von Plünderern zerstört, doch vorher entstand diese exakte Zeichnung. Das Mosaik maß ungefähr 5,10×3 m.

118 Dieses erst 1959 freigelegte Mosaik mit Labyrinthdarstellung stammt aus *Calvatone* bei Piadena in der Nähe von Cremona.

119 In der Stadt *Pompeji*, die beim Ausbruch des Vesuvs im Jahre 79 unter Lava begraben wurde, gibt es ein ›Haus des Labyrinths‹. Es erhielt seinen Namen von den bildlichen Bezügen zur Geschichte vom kretischen Labyrinth. Der abgebildete Labyrinth-Fußboden wurde in der ›Villa des Diomedes‹ entdeckt.

120 Ein weiteres italienisches Mosaiklabyrinth, das 1957 in der Via Cadolini in *Cremona* freigelegt wurde. In der Mitte ist Theseus dargestellt, der den Minotaurus tötet.

Handschriften, Bücher und Landkarten des 11. bis 18. Jahrhunderts

121 (rechte Seite) Die Handschrift, der diese Zeichnung entnommen ist, stammt aus dem 11. Jahrhundert und ist westgotischen Ursprungs; sie enthält die ›Etymologiae‹ (Origines) des Isidorus von Sevilla. Das Labyrinth ist in der Mitte eines Abschnitts über Ostern abgebildet; gegenüber steht ein kurzer Absatz in Spanisch über die Briefe des Apostels Paulus.

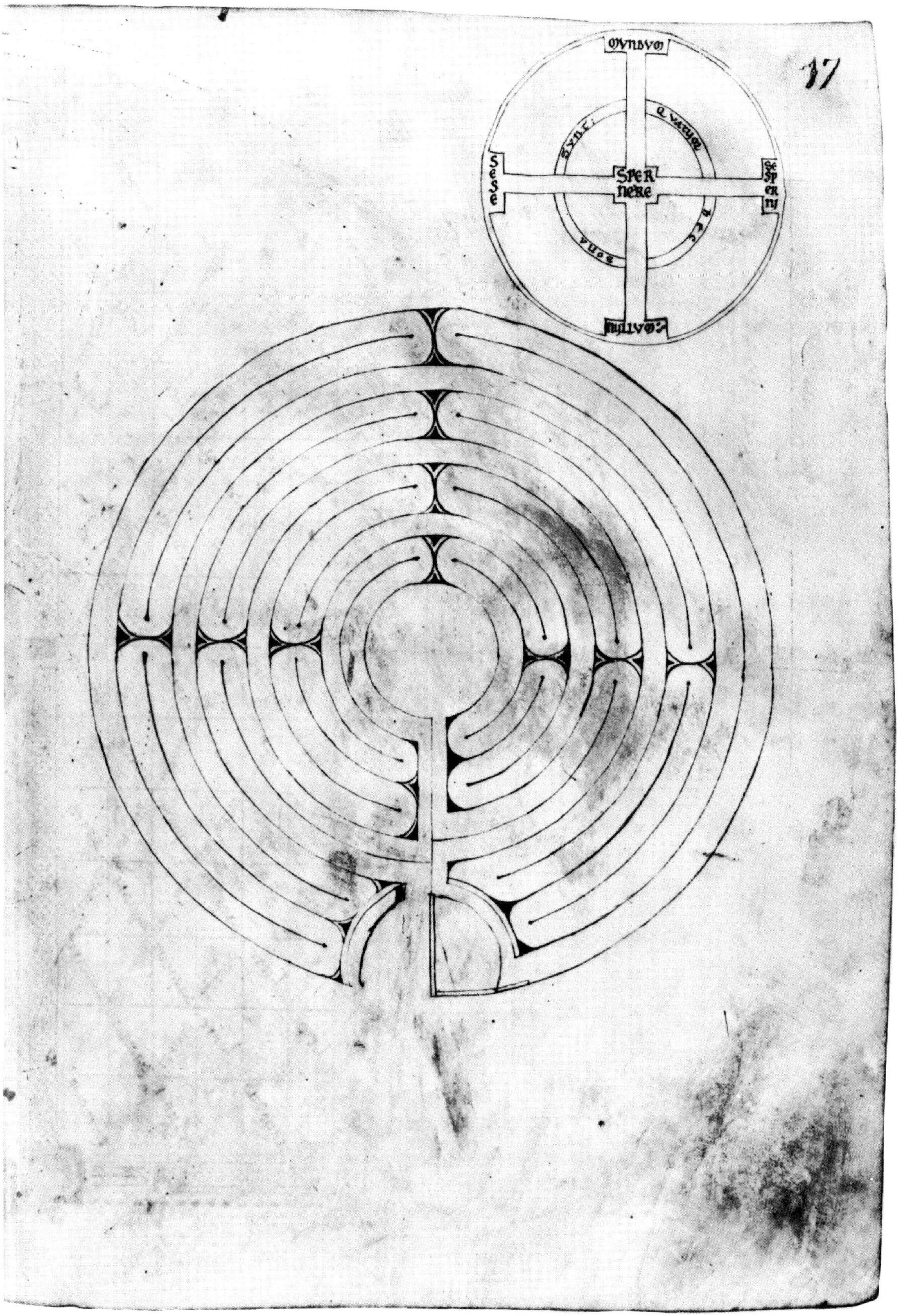
Mundum
Quatuor
Sunt
Sper
nere
Sese
Se
sper
ni
Bona
Nullum

MINOS REX
DEDALUS
Artifex
YCARUS
filius eius
in laberintho

122 (linke Seite) Der Minotaurus im Labyrinth ist das Thema dieser Illustration aus dem ›Liber Floridus‹ von Lambert de Saint-Omer (ca. 1120).

123, 124 Ein besorgt dreinblickender Theseus steht in einem Labyrinth aus dem 13. Jahrhundert in dem Werk ›De VII Miraculis Mundi‹ (Regensburg, 1175–1200) dem zähnefletschenden Minotaurus gegenüber. – Aus derselben Handschrift stammt ein Labyrinth (Abb. 124) mit dem Titel: ›Die Stadt Jericho hatte eine ähnliche Gestalt wie der Mond‹. Jill Purce bemerkt dazu: »Für die Menschen des Altertums war das Labyrinth Teil einer Stadtgründung: Man bestimmte einen Ausschnitt des Raumes und verwandelte ihn von Chaos in Kosmos. Die Windungen, die als Fundament dienten, erlaubten zugleich nur jenen den Zugang, die über das Wissen verfügten, die Kenntnis des Weges.«[42]

125 (links) Die ›Mappa Mundi‹ gehört zu den frühesten englischen Landkarten und geht auf das 13. Jahrhundert zurück. Sie stammt von Richard Hallingdon aus Battle, Sussex, der Domherr von Hereford war; heute ist sie in der Kathedrale von Hereford zu sehen. Die Landkarte ist voll von Wundern und Fabelwesen, in unserem Zusammenhang interessiert das Labyrinth am meisten, das die Insel Kreta halb ausfüllt. Die Überschrift soll wohl lauten: ›Das Labyrinth, das ist das Haus des Dädalus‹.

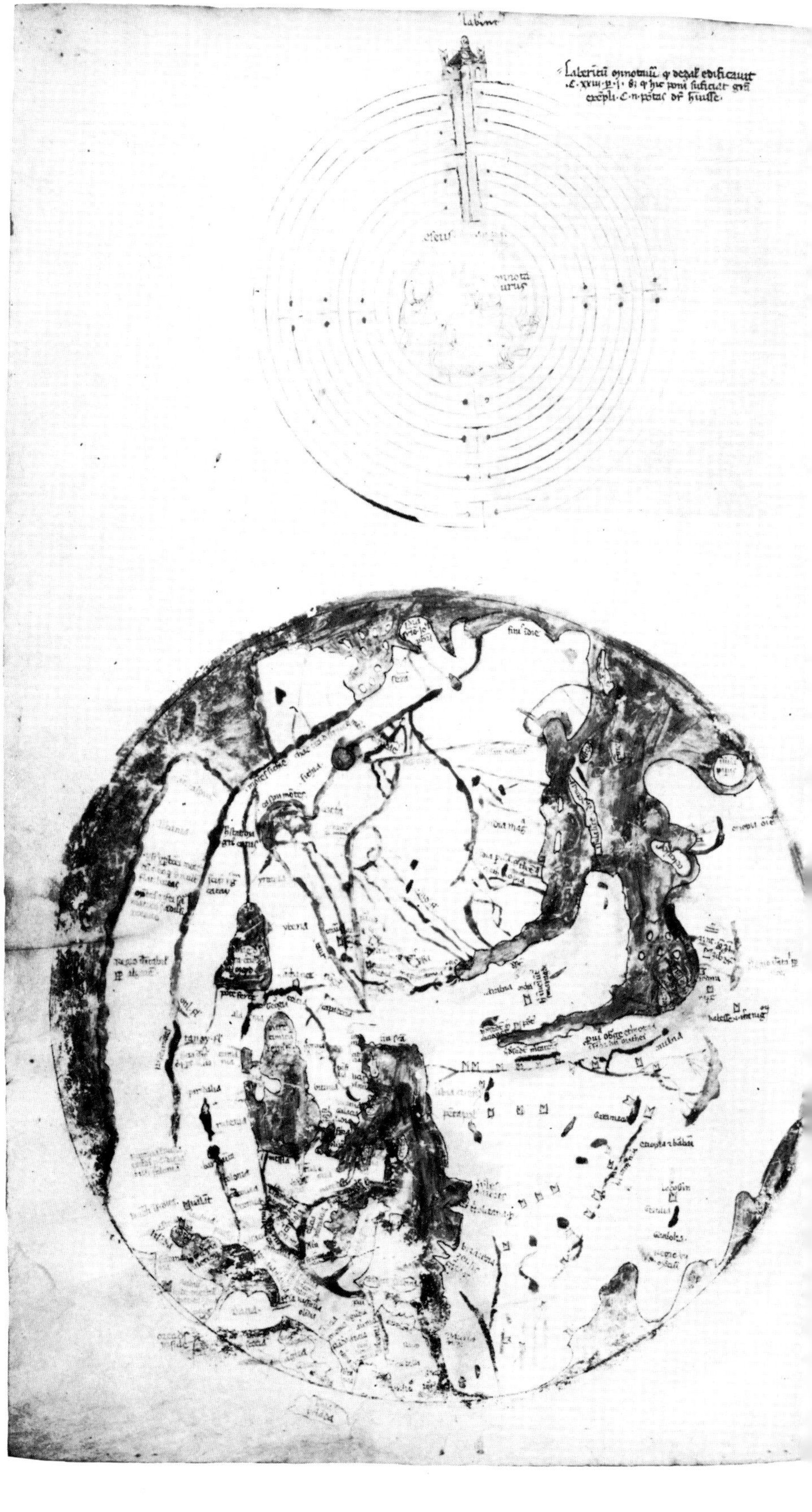

126 Auch diese Handschrift des 14. Jahrhunderts aus der Vatikanischen Bibliothek enthält ein Labyrinth. Es zeigt in der Mitte Theseus, wie er den Minotaurus erschlägt. Der Minotaurus ist als Zentaur dargestellt und scheint verängstigt seinen Kopf hinzuhalten.

127–129 Drei Labyrinthe aus einem Werk von Stabius, ›Über Labyrinthe‹, das 1510 in Nürnberg veröffentlicht wurde.

130 Dieses Knotenmuster aus *Sechs Knoten* von Albrecht Dürer (1471–1528) hat labyrinthischen Effekt. Auch Leonardo da Vinci (1462–1519) hat Knotenlabyrinthe (Verkettungen) hergestellt. In einem Aufsatz über Dürers ›Knoten‹ und Leonardos ›Verkettungen‹ kam Ananda K. Coomaraswamy zu dem Schluß, daß Labyrinth und Knoten identisch sind: »Daß die Linien der Knoten sich schneiden und überlagern . . ., stellt eine Übertragung der Idee des Labyrinths ins Dreidimensionale dar.«[43]

131 Auf diesem Stich von Hieronymus Cook aus dem 16. Jahrhundert ist ein Insellabyrinth zu sehen, das man nur über eine wackelige Brücke erreichen kann. Es hat große Ähnlichkeit mit der Illustration aus Ovids ›Metamorphosen‹ (Abb. 58).

132 Aus Polen stammt das kabbalistische Labyrinth, das im 17. Jahrhundert entstand und von dem polnischen Magier Isak Lurje verwendet wurde.

133 Diese alchimistische Zeichnung aus ›De Groene Leeuw‹ von Goosen van Vreeswyk (Amsterdam 1672) zeigt das Lapis-Sanktuarium in einem Labyrinth, umgeben von den Planetenbahnen. (*Lapis philosophorum* ist der Stein der Weisen.)

Kirchen und Kathedralen in Algerien, Italien, Frankreich und Skandinavien

134 Das wahrscheinlich älteste Kirchenlabyrinth findet sich in der Reparatus-Kirche in *Orléansville* in Algerien. Die Kirche selbst datiert aus dem 4. Jahrhundert; das Labyrinth, das 2,40 m im Durchmesser mißt, ist in der Nähe des Nordwesteingangs in den Boden eingelassen. Das Zentrum enthält die Wörter SANCTA ECLESIA (sic), die von der Mitte aus in jeder Richtung (wenn auch nicht diagonal) gelesen werden können.

136 (rechte Seite) Eines der kleinsten italienischen Kirchenlabyrinthe ist in eine Mauer der Kathedrale von *Lucca* geritzt. Es hat einen Durchmesser von nur 48 cm. Früher waren einmal Theseus und der Minotaurus im Mittelpunkt zu sehen, aber die Finger der Kirchgänger haben sie im Laufe der Jahrhunderte hinweggerieben. Die lateinische Inschrift rechts lautet in der Übersetzung: »Dies ist das Labyrinth, das der Kreter Dädalus erbaute und aus dem niemand hinausgelangt, der im Inneren war, ausgenommen Theseus; und auch ihm wäre es nicht gelungen, hätte ihm nicht Ariadne mit einem Faden geholfen, aus reiner Liebe.«

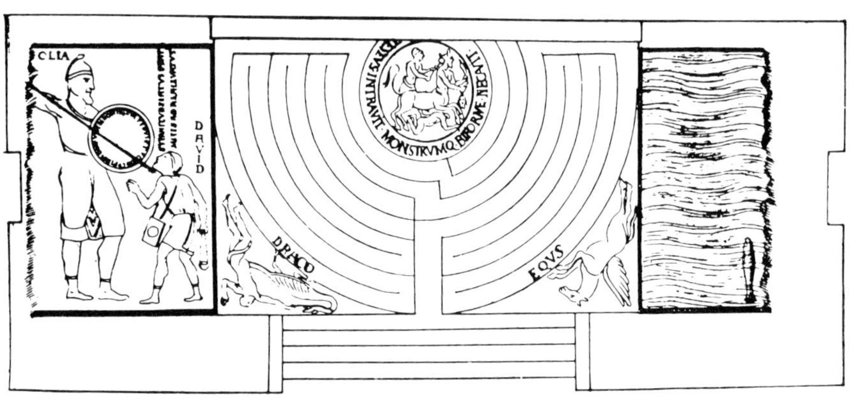

135 In italienischen Kirchen und Kathedralen gibt es eine Reihe von Labyrinthen. Ein kleines Labyrinth, das wahrscheinlich im 10. Jahrhundert entstand, findet sich auf einer Wand der Kirche San Michele Maggiore in *Pavia*.

137 Die Kirche Santa Maria in Aquiro in *Rom* hat ein Labyrinth mit einem Durchmesser von 1,50 m. Die Porphyrplatte in der Mitte ist von Streifen aus Porphyr sowie gelbem und grünem Marmor umgeben.

138 Ebenfalls in *Rom* gibt es in der Kirche Santa Maria in Trastevere ein Labyrinth aus farbigem Marmor. Es hat einen Durchmesser von 3,30 m und ist wahrscheinlich früher einmal schlecht restauriert worden, denn der Gang läßt sich nicht bis zum Mittelpunkt verfolgen. Das Labyrinth wird auf das Ende des 12. Jahrhunderts datiert.

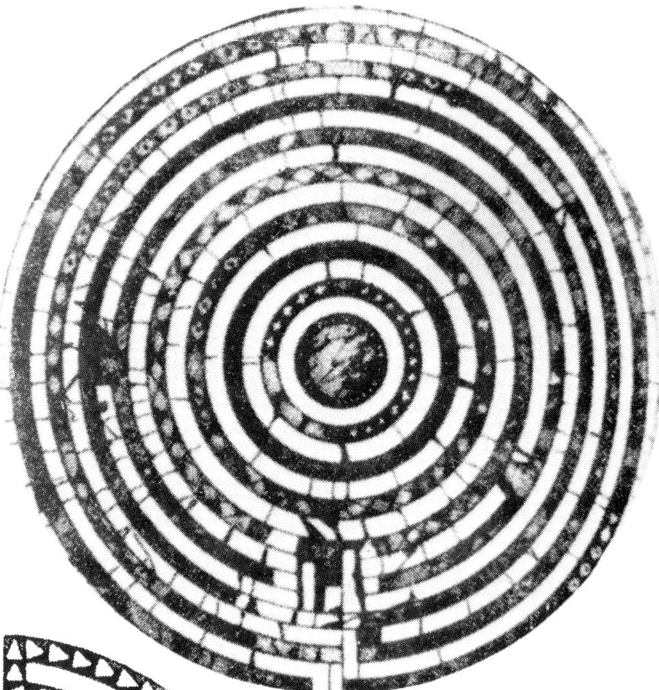

139 Das Labyrinth der Kirche San Vitale in *Ravenna* hat einen Durchmesser von nahezu 3,45 m und ist aus farbigem Marmor zusammengesetzt.

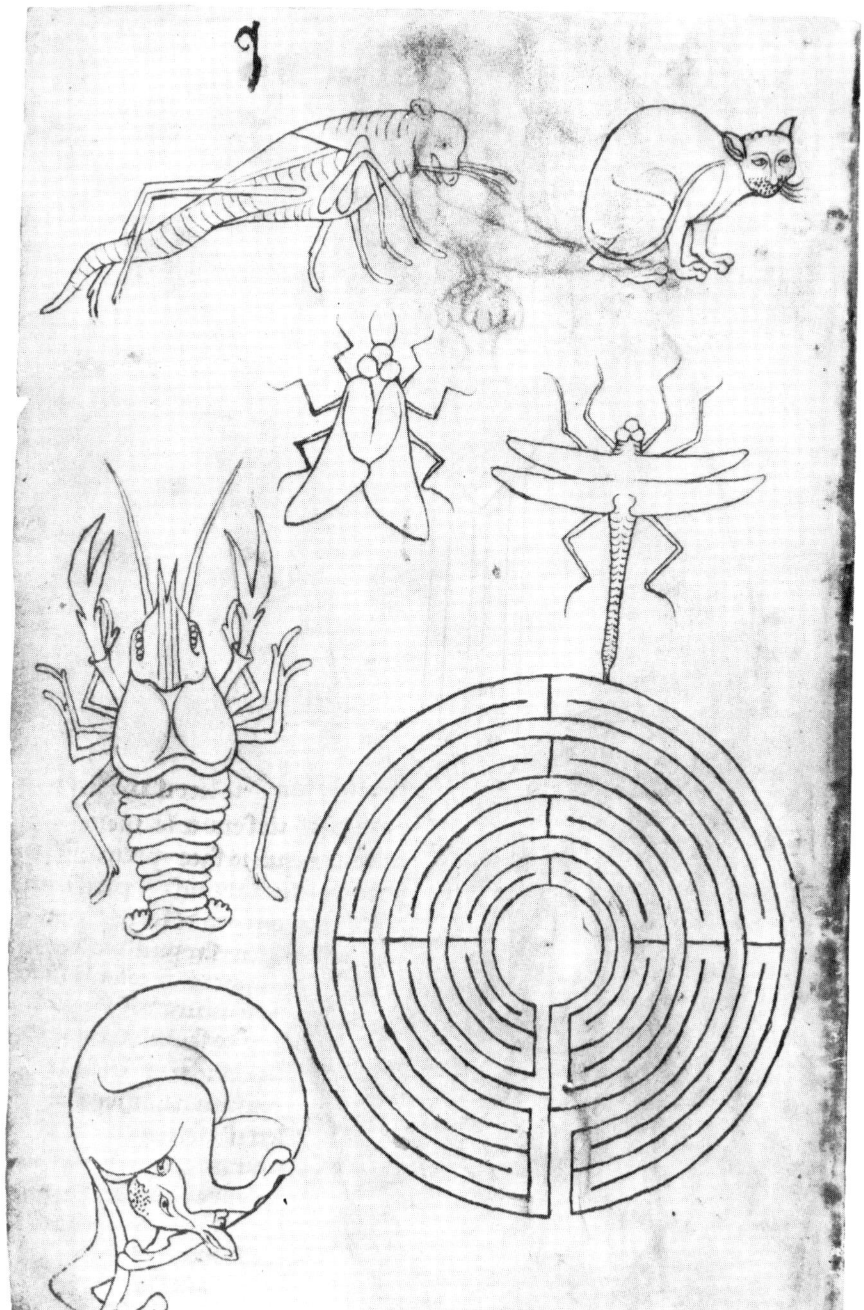

140, 141 Die französischen Kirchenbauer des Mittelalters legten in einer Reihe von Kirchen und Kathedralen Labyrinthe an, doch sind nur wenige erhalten geblieben. Das größte und bekannteste befindet sich in der Kathedrale von *Chartres* (siehe folgende Seite). Es hieß ursprünglich ›La Lieue‹, die Meile; die Bedeutung dieser Bezeichnung ist noch nicht geklärt. Das Labyrinth hat einen Durchmesser von ungefähr 12 m und setzt sich aus blauen und weißen Steinen zusammen. Auf den weißen Stein des Weges waren die Verse des Psalms ›Miserere‹ eingraviert.

Ein Grundriß dieses Labyrinths (oben) findet sich in dem Skizzenbuch von Villard de Honnecourt, einem französischen Architekten des 13. Jahrhunderts. Er war um 1235 tätig, als die Kathedrale von Chartres vollendet wurde. Robert Branner beschreibt das Skizzenbuch in ›Gothic Architecture‹[44]: »Villard scheint das Manuskript als Skizzenbuch begonnen und dann ein Handbuch für Lehrlinge daraus gemacht zu haben, indem er den Zeichnungen Hinweise und Erklärungen zufügte. Neben Grundrissen, Ansichten und Skizzen von Monumenten zeichnete er Entwürfe von Kirchenmobiliar wie Chorgestühl, einem Lesepult und einem großen Uhrengehäuse. Außerdem kopierte er Plastiken und vielleicht auch Bilder von Kirchenfenstern und zeichnete – da er von der Natur fasziniert war – Insekten und andere Tiere.«

Zu Beginn seines Skizzenbuchs schrieb der Baumeister: »Villard de Honnecourt grüßt Euch und bittet alle jene, die bei ihrer Arbeit die Entwürfe benutzen, welche sie in diesem Buch finden, für seine Seele zu beten und seiner zu gedenken. Denn dieses Buch enthält guten Rat für die edle Kunst des Maurerhandwerks, die Zimmermannsarbeit und . . . die Verwendung der Zeichnung, die das Studium der Geometrie fordert und lehrt.«

Eine neuere Arbeit[45] bringt Beweise dafür, daß das Labyrinth von Chartres als Abbild des Kosmos interpretiert werden kann; die Autoren weisen auch auf die Wichtigkeit der Lage des Labyrinths innerhalb der Kathedrale hin. Hier ein kurzer Auszug: »Wir sind also davon ausgegangen, daß der Raumkörper der Kathedrale die Harmonisierung von Sonnen- und Mondzyklus und damit zugleich die psychologischen Kräfte, die sie verkörpern, widerspiegelt. Die Projektion des Aufrisses auf den Grundriß weist auf die Wichtigkeit der Situierung des Labyrinths hin. So entspricht die große zwölffache Westrose nicht nur in ihrer Größe dem Labyrinth, sondern deckt es, projiziert auf den Boden des Schiffes, genau ab.« Dieselbe Untersuchung erläutert auch die Symbolik des Weges durch das Labyrinth: »Der Einzelne . . . vollzog die ›Niederfahrt der Seele‹ in ihre leibliche Gestalt auf Erden (das Zentrum). Eine der psychologischen Funktionen, die sich mit der Durchquerung des Labyrinths verbanden, bestand offenbar darin, die Entstehung der eigenen Persönlichkeitsstruktur aus ihren konstituierenden Elementen nachzuvollziehen.«

142 Eines der verlorengegangenen Labyrinthe Frankreichs befand sich in der Kathedrale von *Arras*. Es war ein Pflasterlabyrinth mit blauen und gelben Quadraten und hatte einen Durchmesser von ungefähr 10,35 m. In der Französischen Revolution wurde es zerstört.

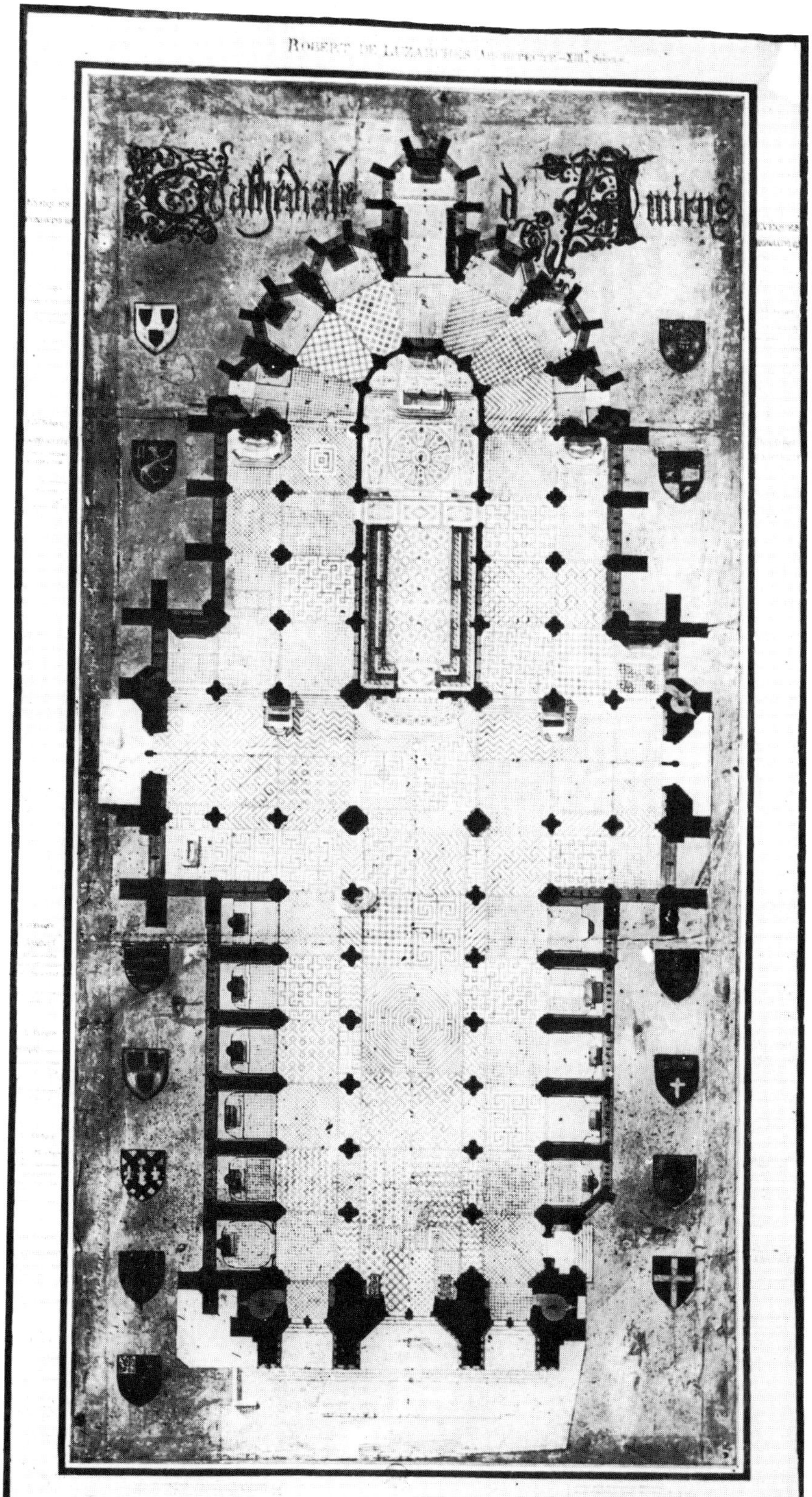

143 Das Labyrinth der Kathedrale von *Amiens,* das 12,60 m Durchmesser hatte und aus dem späten 13. Jahrhundert stammte, wurde 1825 zerstört und danach durch eine Kopie ersetzt. Der mittlere Bereich enthielt ein Bronzekreuz und die Figuren von Bischof Evrard de Fouilloy, der 1220 den Grundstein gelegt hatte, sowie von drei Baumeistern, die am Bau der Kathedrale beteiligt waren.

144 Das Labyrinth am Eingang der Pfarrkirche von *Saint-Quentin*, Frankreich, ist noch gut erhalten, wie die Abbildung zeigt. Es hat einen Durchmesser von 10,35 m.

145 In der inzwischen verfallenen Abtei Saint-Bertin in *Saint-Omer,* Frankreich, gab es früher ein Pflasterlabyrinth mit nebenstehend gezeigtem Muster. Es wurde im 18. Jahrhundert zerstört.

146 Ein merkwürdiges Labyrinth war früher in der Kathedrale von *Poitiers* in Frankreich zu sehen. Es war, wie die Zeichnung zeigt, insofern ungewöhnlich, als der Gang nicht zu einem Ziel oder Mittelpunkt führte, sondern nur nach außen zurückkehrte.

147 Bei dem Labyrinth der Kathedrale von *Reims* waren die Namen und Berufssymbole der ›Meister der Bauhütte‹ des 13. Jahrhunderts in den vier Ecken wiedergegeben. Im Mittelpunkt hatte man wahrscheinlich Erzbischof de Humbert dargestellt, der 1211 den Grundstein legte. Genaueres ist nicht bekannt, da das Mittelfeld im 17. Jahrhundert unleserlich wurde. Das 500 Jahre alte Labyrinth, das einen Durchmesser von 10,50 m hat, wurde 1779 zerstört, weil der Domherr Jacquemart den Lärm der Kinder und anderer, die den Wegen während des Gottesdienstes nachliefen, nicht ertragen konnte.

Daß die Kirchenlabyrinthe ursprünglich nicht ein lästiges Übel waren, sondern eine Rolle im kirchlichen Leben spielten, beweist die Tatsache, daß die Pelota, Ballspiel oder Tanz, jedes Jahr zu Ostern in dem Labyrinth der Kathedrale von *Auxerre,* Frankreich, (es wurde gegen Ende des 17. Jahrhunderts zerstört) aufgeführt wurde. Der Dekan und die Domherren tanzten in einer langen Reihe um das Labyrinth herum, wobei der Ball oder die ›pilota‹ von Hand zu Hand weitergereicht wurde. Die ›pilota‹ wanderte im Kreise herum, bis sie schließlich wieder zu dem Dekan gelangte. M.-G. Wosien vertritt die Ansicht, daß »die Symbolik des Pelota-Tanzes in der Darstellung der scheinbaren Sonnenbahn im Laufe eines Jahres liegt, in ihrem ›Passionsweg‹ und der Passion der Schöpfung, entsprechend dem Weg des fleischgewordenen Christus, seines Todes, seiner Grablegung und der Auferstehung als Christus-Sonne am Ostertag.«[46]

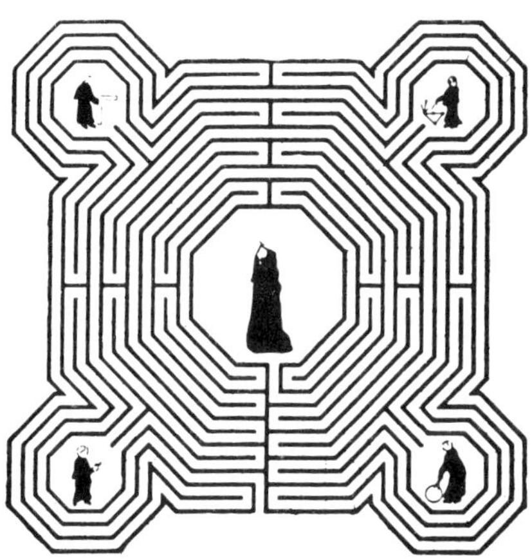

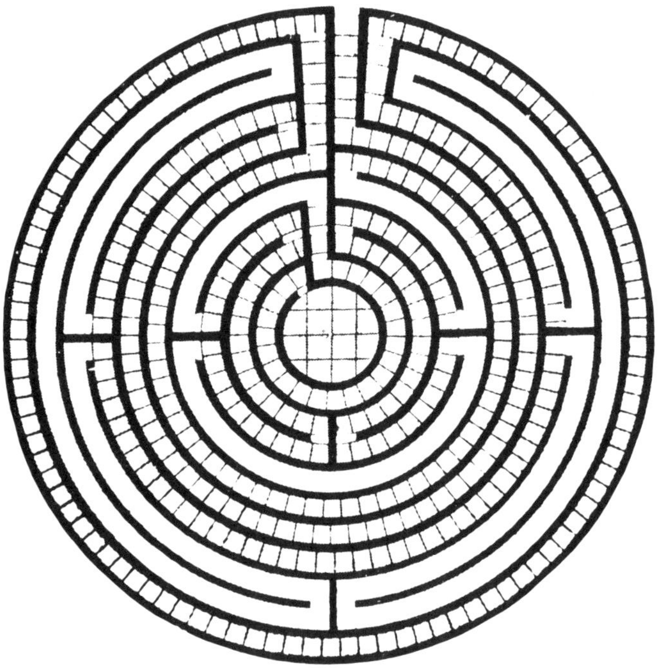

148 Im Kapitelsaal der Kathedrale von *Bayeux* in Frankreich gibt es ein Labyrinth aus ornamentgeschmückten Fliesen, das einen Durchmesser von 3,60 m hat. Die Fliesen sind rot, schwarz und braun-gelb lasiert, und die Muster stellen Schilde, Greife und Lilien dar.

149 Das Labyrinth der Kathedrale von *Sens* in Frankreich wurde 1769 zerstört. Es hatte einen Durchmesser von 9 m, und das Muster bestand aus eingeritzten Linien, die mit Blei gefüllt waren.

150 In der Abtei Toussaints in *Châlons-sur-Marne,* Frankreich, gab es eine Reihe von Fliesen wie die oben abgebildete, die mit Labyrinthen dekoriert waren. Die Abtei wurde 1544 zerstört.

151 Erst 1954 wurde das Labyrinth der Kirche von *Genainville*, Val d'Oise, in Frankreich entdeckt. Es ist auf einen Stein geritzt und mißt 67,5×75 cm.

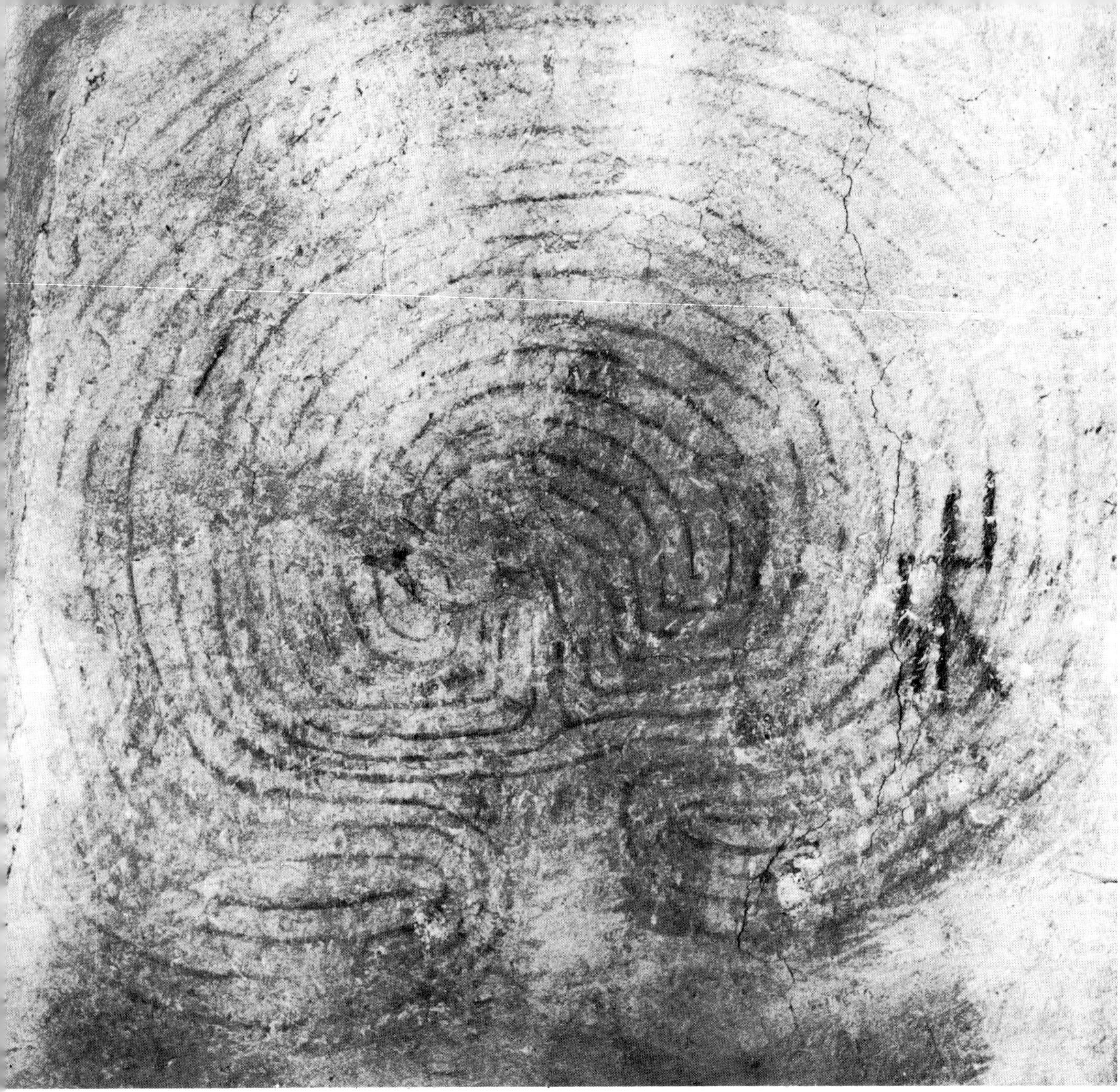

152–156 Diese kaum erkennbare Labyrinth-Zeichnung (Abb. 152) wurde auf einer Mauer des Kirchturms von Hablingbo auf der Insel *Gotland* in Schweden gefunden. Ähnliche Muster gibt es in ganz Skandinavien: So ist Abbildung 153 nach dem Labyrinth an einer Kirchenwand in *Sibbo,* Finnland, gezeichnet; Abbildung 154 zeigt ein auf die Wand einer Kirche in *Telemark*, Norwegen gemaltes Labyrinth; Abbildung 155 gibt eine Labyrinthzeichnung in der Kirche von *Gerninge* in Seeland, Dänemark, wieder (wo zwei Labyrinthe auf die Chorwand über den Gewölben gemalt sind); auf Abbildung 156 sieht man ein Labyrinth in der Alten Skive-Kirche in *Jütland*, Dänemark.

Kirchen und Kathedralen in Großbritannien

157–159 In den Kirchen Großbritanniens gibt es nur wenige Labyrinthe. Das hier abgebildete habe ich zufällig entdeckt, als ich die Kirche St. Martin in dem Dorf *Lewannick* in Cornwall besichtigte. Jede Seite des achteckigen Taufsteins (Abb. 158) trägt geometrische Muster, die alle reizvoll und interessant sind; mir sprangen jedoch sogleich eine eng gerollte Spirale (Abb. 157) und ein einfaches Labyrinth mit einem Kreuz in der Mitte (Abb. 159) ins Auge. Der Taufstein von Lewannick entstand zur Zeit der Normannen und ist aus vulkanischem Gestein der Umgebung hergestellt.

160 In der Kirche St. Mary Redcliffe in *Bristol* gibt es ein sehr kleines Labyrinth, das man leicht übersieht, wenn man nicht weiß, wo man es zu suchen hat. Es hat einen Durchmesser von nur 1,20 m und ist auf einen der Schlußsteine im nördlichen Seitenschiff in der Nähe des nördlichen Querhauses geritzt. Das Labyrinth stammt aus dem 15. Jahrhundert.

161 Das genaue Entstehungsdatum dieses einfachen Spirallabyrinths in der Kirche von *Thornton*, Leicestershire, ist unbekannt, aber man nimmt an, daß es vor der Reformation entstand. Große Steine bilden eine rechteckige Spirale, in deren Mittelpunkt Ziegel eingelassen sind. Diese Ziegel sind ebenso wie der Ziegelboden der Kirche spätere Ergänzungen; vielleicht bringt die derzeitige Renovierung neue Hinweise auf die Geschichte des Labyrinths.

162 Soweit mir bekannt ist, gibt es in englischen Kirchen nur zwei Pflasterlabyrinthe (im Gegensatz zu Frankreich und Italien). Eines von ihnen beherbergt die Kirche St. Helena and St. Mary in dem ruhigen kleinen Dorf *Bourn* in Cambridgeshire. Es ist aus roten und schwarzen Fliesen zusammengesetzt und liegt direkt unter dem Turm.

163 (unten) Das andere englische Pflasterlabyrinth befindet sich unter dem Westturm der Kathedrale von *Ely*, East Anglia. Die Entfernung vom Eingang des Labyrinths zum Mittelpunkt beträgt 64,50 m, das entspricht der Höhe des Westturmes. Dieses Labyrinth ist jüngeren Ursprungs; es wurde angelegt, als Sir Gilbert Scott 1870 die Kathedrale restaurierte.

Als Joseph L. Henderson, ein Analytiker aus der Jung-Schule, durch das Labyrinth von Ely ging, fühlte er sich so verwirrt, daß er zeitweilig die Orientierung verlor. Er sagt: »Die Erfahrung des Labyrinths, sei es als bildliche Darstellung, als Tanz, als Gartenweg oder als System von Gängen in einem Tempel, hat stets den gleichen psychologischen Effekt. Es stört zeitweilig die bewußte rationale Orientierung, so daß . . . der Initiant ›verwirrt‹ ist und symbolisch ›den Weg verliert‹. Doch bei diesem Versinken ins Chaos öffnet sich der Geist der Wahrnehmung einer neuen kosmischen Dimension transzendenter Natur. – Im Hauptschiff der Kathedrale von Ely ist gleich vor dem Westportal ein großes Steinmosaik in der Form eines Labyrinths in den Boden gelassen. Ich bin selbst einmal langsam hindurch- und wieder hinausgegangen und habe es mit den Augen von Anfang bis Ende verfolgt; dabei machte ich die überraschende Entdeckung, daß meine geistige Wahrnehmungsschwelle niedriger lag, nicht allein durch Schwindel, sondern in der Weise, daß ich viel natürlicher und echter auf die Schönheit der großen Kirche reagieren konnte, als ich wieder hervorkam. Dies sind zwar nur Reminiszenzen an die alten Symbole von Tod und Wiedergeburt aus Ritualtänzen des Altertums oder noch existierenden Stammesgemeinschaften, aber die Botschaft ist immer noch gültig, wenn sie von einem Gefühl der Erneuerung aus dem Inneren heraus begleitet ist.«[47]

164–166 Das Dorf *Alkborough* in Lincolnshire hat außer dem noch erhaltenen Rasenlabyrinth (Abb. 69) drei weitere Labyrinthe aufzuweisen. Sie haben alle das gleiche Muster, sind aber darum nicht weniger interessant. Ein Labyrinth ist in der Vorhalle der Kirche in Stein gemeißelt (Abb. 164); eine weitere sehr kleine Kopie in Blau findet sich in dem viktorianischen Kirchenfenster hinter dem Altar (Abb. 165); das dritte, auf dem Dorffriedhof, ist in den Grabstein von J. Goulton-Constable eingelassen, der 1922 starb (Abb. 166). Er war Gutsbesitzer in Alkborough, und da er sich für Heimatgeschichte interessierte, sorgte er dafür, daß das Rasenlabyrinth in gutem Zustand blieb.

Labyrinthe und Irrgärten in Bild und Schrift

167, 168 Gelegentlich (aber angesichts ihrer weiten Verbreitung in anderen Formen erstaunlich selten) werden Labyrinthe und Irrgärten auf Bildern dargestellt. Hier werden Beispiele aus der Zeit vor 1900 gezeigt; moderne Malerei findet sich auf den Abbildungen 247–250.

Auf einem Wandgemälde der Sala dei Cavalli im Palazzo Ducale in *Mantua* ist ›Der Olymp inmitten des Labyrinths‹ zu sehen. Das Gemälde wird der Schule von Lorenzo Leonbruno zugeschrieben und in das frühe 16. Jahrhundert datiert. Das Labyrinth wie auch der Olymp waren Embleme der Familie Gonzaga, deren Mitglieder unermüdliche Sammler und Bauherren waren und viele prächtige Wohnsitze in Italien besaßen.

Abbildung 168 zeigt ein weiteres Kunstwerk aus einem Palast der Familie Gonzaga. Das sich wiederholende Labyrinthmuster ist auf dem Boden der Sala di Psiche im Palazzo del Tè in *Mantua* verlegt.

169 Diese Szene aus der Geschichte von David und Bathseba mit dem Titel ›Ein König empfängt eine Abordnung im Garten eines Palastes‹ stammt von Jan van Amstel. In der Bildmitte ist ein düsteres, nicht sehr einladendes Labyrinth zu erkennen.

170 Im Hampton Court Palace bei *London,* in dessen Park sich das berühmteste englische Heckenlabyrinth befindet (Abb. 207), ist auch das Gemälde eines Labyrinths ausgestellt. Es stammt angeblich von Tintoretto und zeigt eine üppig grünende Landschaft des 16. Jahrhunderts mit einem Heckenlabyrinth in der Mitte, in dem sich viele Leute vergnügen.

171 (linke Seite) Labyrinthsymbole fanden sich gelegentlich auf den Gewändern römischer Kaiser. Dieses Gemälde freilich zeigt einen Edelmann aus dem 16. Jahrhundert, der ein Labyrinth auf der Brust trägt. Es könnte Verschwiegenheit bedeuten. Seine Kleider sind mit ›Salomonsknoten‹ geschmückt, einem Muster, das Labyrinth, Kreuz und Hakenkreuz vereinigt und als ›Emblem der göttlichen Unerforschlichkeit‹ bekannt ist. Die Knoten weisen ebenfalls auf Verschwiegenheit hin. Das Gemälde stammt von Bartolommeo Veneto (Schaffenszeit 1502–30) und wird auf ungefähr 1510 datiert. Charles R. Beard nimmt an, daß ein Seigneur de Boisdauphin, wahrscheinlich François de Laval, dargestellt ist.[48]

172 Dieses ›Porträt eines Edelmannes‹ stammt von Dosso Dossi; der Stil läßt auf ein Entstehungsdatum um 1520 schließen. Laut Felton Gibbons ist der Porträtierte Angelo Perondoli, denn neben der rechten Hand der Figur ist Perondolis Familienemblem, eine Birne, zu erkennen. Weitere wichtige Bildelemente sind das Labyrinth, der Esel mit erlegtem Federwild auf dem Rücken und das Unwetter. Felton Gibbons schreibt: »Ich glaube, Dosso benutzt das Labyrinth in einem recht konservativen und doch sehr christlichen Sinne als Hauptmotiv seines schwermütigen Porträts. Der Mann – sei es Angelo Perondoli oder ein anderer – ist, von Sorgen erfüllt, in Nachsinnen über seine Lage und den Sturm über der Landschaft seines Lebens versunken. Selbst die nahezu monochromen Farben des Gemäldes, die für die leuchtende Palette Dossos ungewöhnlich düster erscheinen, reflektieren diese melancholische Stimmung. Wenn der Fingerzeig des Porträtierten auf das Labyrinth bedeuten soll, daß sein Leben durch viele fruchtlose Umwege verwirrt wurde, so könnte der Esel eine seiner Sünden bezeichnen, nämlich die Habgier ... Dosso deutet in seiner impressionistisch bewegten Landschaft an, daß menschliches Streben und der leidensreiche christliche Weg über die Stürme des Lebens siegen können, denn während noch der Regen fällt und rechts ein rötlicher Blitz den Himmel erhellt, scheint auf der linken Seite, wo der Porträtierte selbst sitzt, jeden Augenblick die Abendsonne durch die Wolken zu brechen.«[49]

173 Johann Caspar Hiltensperger (gest. 1754) hat dieses kunstvolle ›Wortlabyrinth‹ hergestellt, das den Anfang des ersten Kapitels aus dem Buch Jesus Sirach wiedergibt: »Alle Weißheit ist bey Gott dem Herren unnd ist bey Ime ewigklich ...«

174 Dieser zweisprachige ›Geistliche Irr-Garten‹ hat vier ›Ziele‹ mit französischen und deutschen Bibelsprüchen. Er geht auf das Jahr 1758 zurück.

Hecken- und Gartenlabyrinthe — Grundrisse und Ansichten

175, 176 Im 16. Jahrhundert wurde es Mode, Blumenbeete oder Zwergsträucher in komplizierten Mustern anzupflanzen; häufig wurden auch Labyrinthe angelegt. Später waren Heckenlabyrinthe beliebter als ›Gartenlabyrinthe‹, wie ich sie der Einfachheit halber nennen möchte. Einige der folgenden Pläne stammen aus einer Zeit, in der sowohl Hecken- als auch Gartenlabyrinthe en vogue waren, und es ist nicht immer klar zu erkennen, um welchen Typus es sich handelt.

Zwei frühe Grundrisse für Gartenlabyrinthe finden sich in ›The Profitable Art of Gardening‹ von Thomas Hyll. Diese Ausgabe erschien 1579; eine frühere Ausgabe von 1563 trug den Titel ›A Moste Briefe and Pleasaunt Treatyse Teachynge How to Dress, Sowe and Set a Garden‹. Thomas Hyll (auch Hill) ist identisch mit Didymus (= Thomas) Mountaine (= Hill), unter welchem Namen das Buch ein weiteres Mal mit dem Titel ›The Gardener's Labyrinth‹ veröffentlicht wurde.

Of the firſte Maze. Cap.v.

Here by the way (gentle Reader) I do place two proper Mazes, the one before this chapter, and the other after, as proper adornments vpon pleaſure to a Garden, that who ſo liſteth, hauing ſuche roomth in their Garden, may place the one of thẽ, which liketh them beſt, in that voide place of the Garden that maye beſte be ſpared, for the onelye purpoſe, to ſporte them in at times, which Mazes being workmanly handled by the Gardener, ſhal muche beautifie them, in deuiſing four ſundry fruits to be placed in each of the corners of the Maze, and in the middle of it, a proper Herber decked with Roſes, or elſe ſome faire trée of Roſemary, or other fruite, at the diſcretion of the Gardener.

¶ Of the dung and dunging of Gardens, with the digging, dreſsing, leuelling & diſpoſing of the quarters and beds. Cap.vj.

For ſo muche as in the Harueſt and Spring time, be many thinges ſowne in the Garden, therefore it behoueth to dig vp, dung, and labor that part of the ground in the Spring time, which you intend to ſowe in the Harueſt, that the ſame may ſo

ſerue

Of the ſecond Maze. Cap.vij.

AND here I alſo place the other Maze, which may be lyke ordered and vſed, as I ſpake before, and it may eyther be ſet with Iſope and Time, or with winter Sauery and Tyme: For theſe do wel endure, al ẏ winter through gréene. And there be ſome which ſet their Mazes with Lauender Cotten, Spike, Maierome, and ſuch like. But let them be ordered in this point, as liketh beſt the Gardener, and ſo an end. For I doe not here ſet forth this, or the other Maze afore expreſſed, for any neceſſarie commoditie in a Garden, but rather appoint eyther of theſe (which liketh you beſt) as a beautifying vnto your Garden: For that Mazes and knots aptly made, do much ſet forth a Garden, which neuertheleſſe I referre to your diſcretion for that not all perſons be of like abilitie.

¶ Certaine precepts, and rules of auntient men, both in the choyſe and proper ſowing of ſeedes. Cap.viij.

THe Garden, as Palladius writeth, whiche lyeth vnder a gentle and holeſome ayre, and hath a fountaine, Spring,

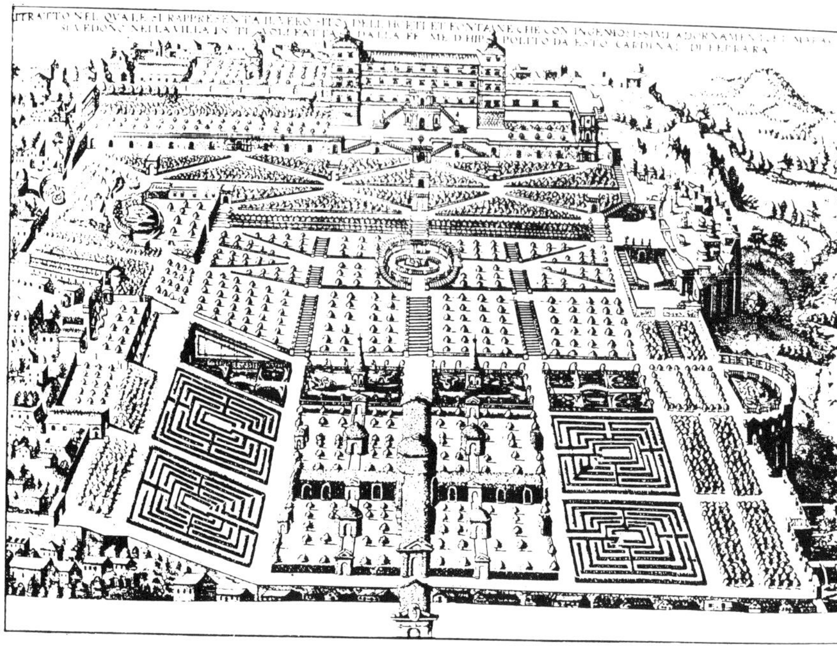

177 Der Park der *Villa d'Este* in Tivoli galt als der schönste Renaissancegarten Europas. Er wurde 1549 von Pirro Ligorio für Kardinal Ippolito den Jüngeren angelegt; dieser Stich, der vier Labyrinthe zeigt, stammt aus dem Jahre 1573.

178–180 Jan Vredeman de Vries fertigte diese drei Entwürfe für Gartenlabyrinthe an. Sie sind seinem Buch ›Hortorum Viridariorumque Formae‹ entnommen, das 1583 in Antwerpen erschien.

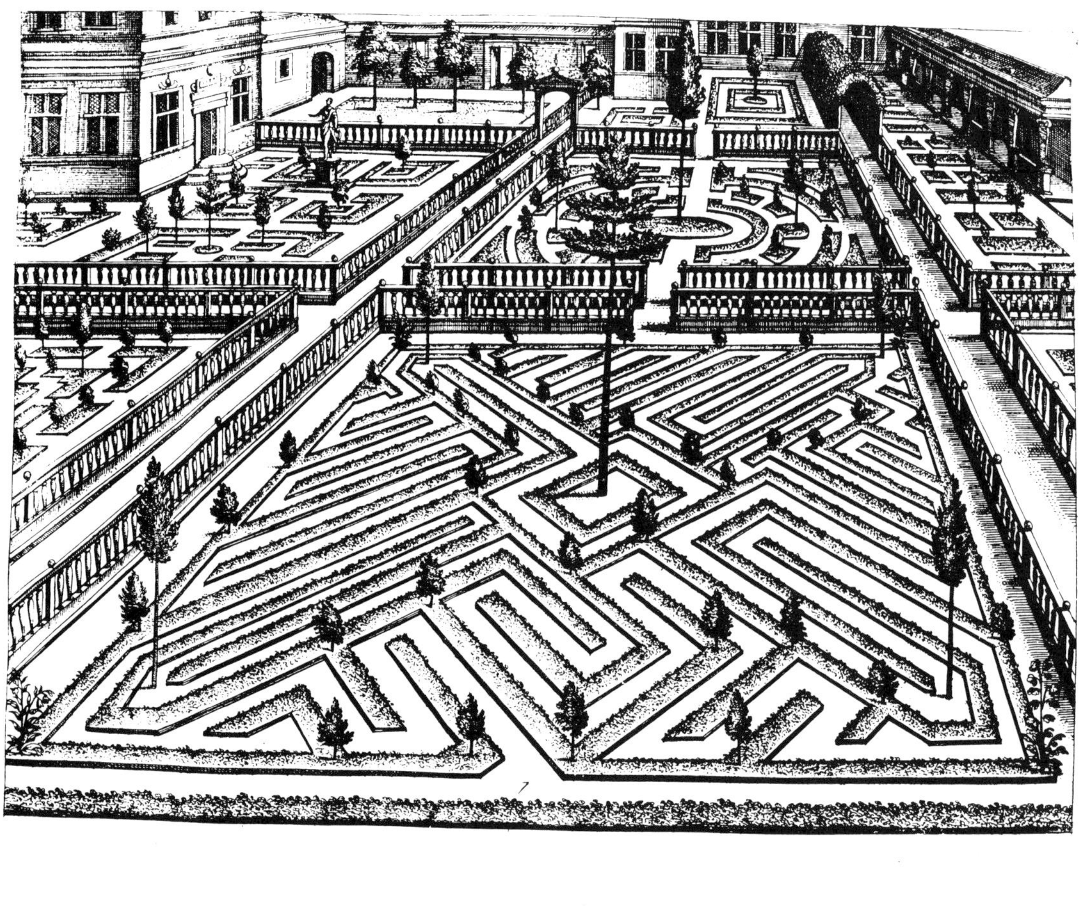

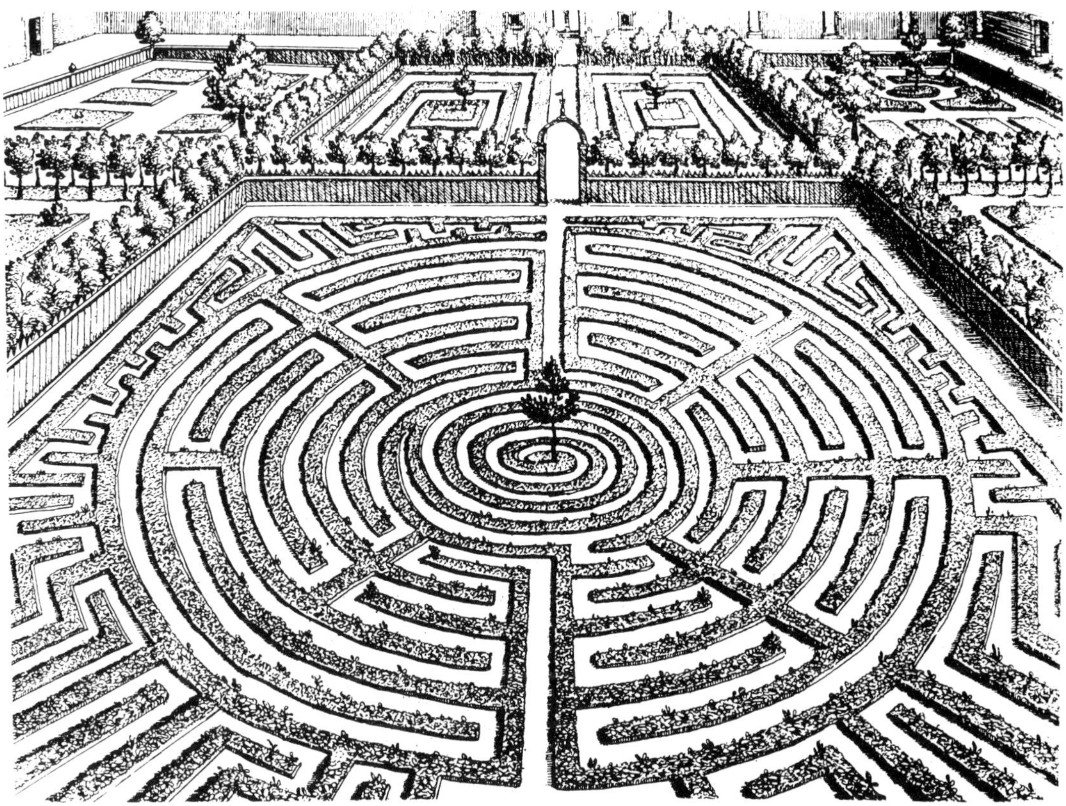

181 Dieser Stich aus dem 16. Jahrhundert macht deutlich, welchen Zwecken ein Heckenlabyrinth diente: Man konnte sich dort duellieren, Musik machen, plaudern, einander den Hof machen, umherwandern …

Secundi generis Fig. I.

SECVNDI GENERIS FIG. II.

Secundi generis Fig. III.

II. Generis Fig: IV.

TERTII GENERIS FIG. I.
LABYRINTHVS

III. GENER. FIG. IV.
LABYRINTHVS.

182–187 Das Werk ›Horticultura‹ von Petrus Laurembergius, das 1632 in Frankfurt erschien, enthält viele Entwürfe für Labyrinthe. Sechs von ihnen zeigen wir hier.

188 Der Stich von Romain de Hooge aus dem Jahre 1685 zeigt das Labyrinth und das Brunnenhaus, die für den Park von *Enghien* in Belgien entworfen wurden.

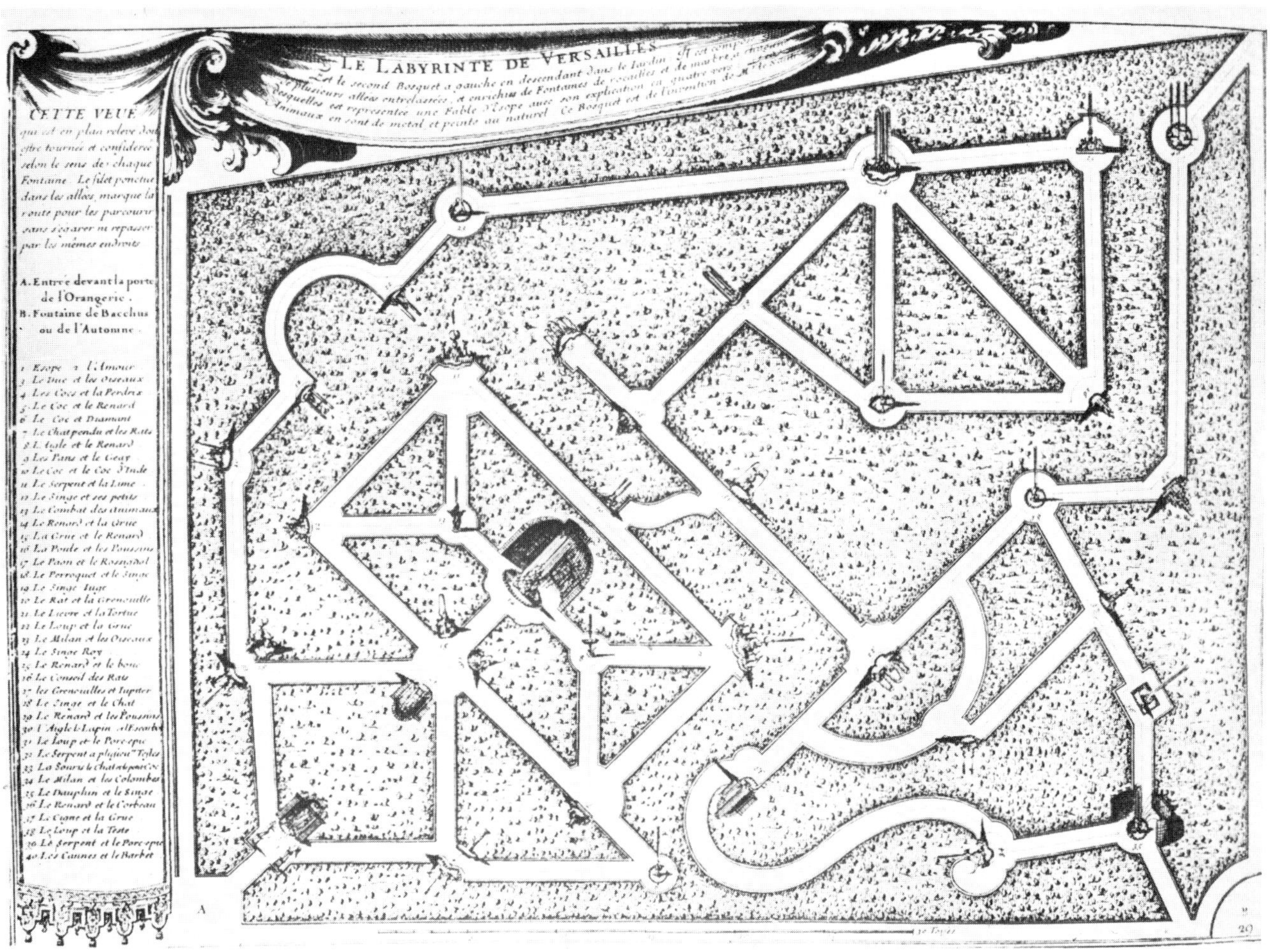

189 Das Labyrinth von *Versailles* wurde gegen Ende des 17. Jahrhunderts für Ludwig XIV. errichtet. Es enthielt neununddreißig Gruppen von wasserspeienden Statuen, die Figuren aus Äsops Fabeln darstellten. Der Plan gibt die Standorte der Figuren an. Leider wurde dieses Labyrinth im Jahre 1775 zerstört.

In England wurde der *Dial Garden* im Friar Park, Henley-on-Thames, nach dem gleichen Grundriß angelegt, wobei Sonnenuhren die Statuen ersetzten. Auch dieses Labyrinth existiert heute nicht mehr.

245 Das beliebte viktorianische Kinderspiel ›Pigs in Clover‹ wurde 1889 von der Zeitschrift ›Punch‹ in einer politischen Karikatur verwendet[59]. Der Politiker ist Gladstone, und sein Problem ist heute wieder aktuell. (Das Irland-Puzzle – »Ich glaube, ich werde sie alle hereinbekommen – rechtzeitig!«)

246 ›Das Labyrinth von London‹ erschien im April 1908 in ›The Strand Magazine‹[60]. In der Spielregel heißt es: »Der Reisende soll über die Waterloo Road hereinkommen. Sein Ziel ist es, die St. Paul's Cathedral zu erreichen, ohne an einer der Sperren vorbeizugehen, die auf den angeblich in Reparatur befindlichen Straßen aufgestellt sind.«

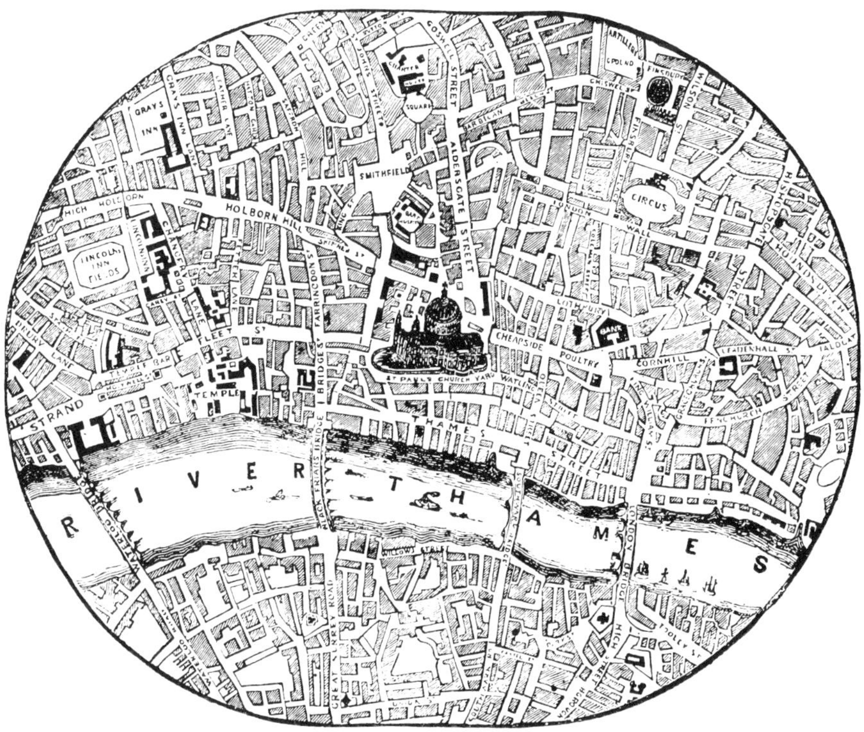

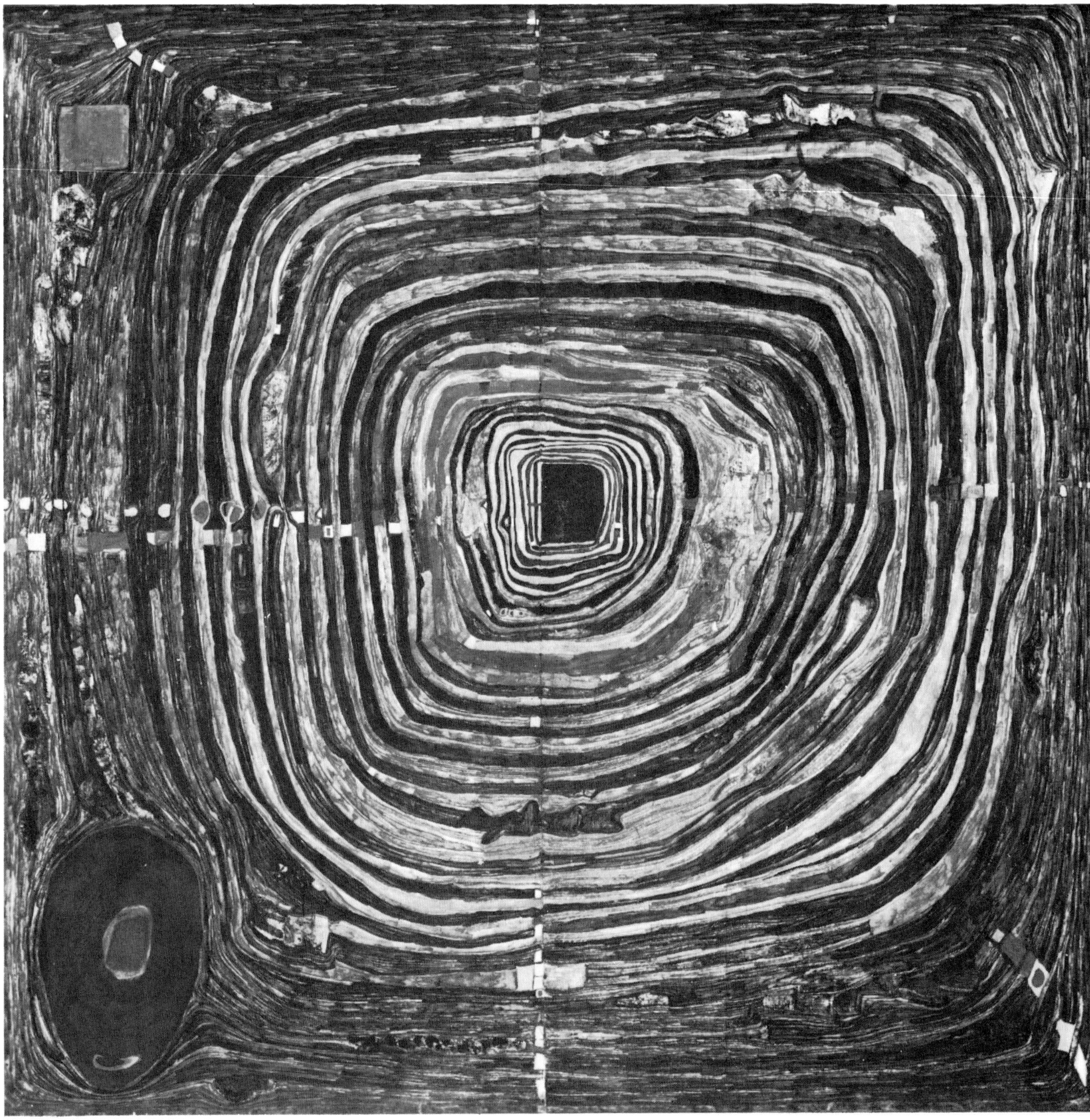

247 Die dominierenden Farben des Bildes ›Der Große Weg‹ von Friedensreich Hundertwasser (1955) sind blau und rot. Hundertwasser wurde 1928 in Wien geboren, wo er noch heute lebt. Er hat das gleiche Thema auch in anderen Bildern behandelt, zum Beispiel in ›Das Herz der Revolution‹ (1958 und 1963), ›Kaaba-Penis‹ (1959) und ›Sonne und Spiraloide über dem Roten Meer‹ (1960; alle Öl auf Leinwand).

248 ›Irrgarten‹ ist der Titel von Arnold Leisslers Bild (1962, Öl auf Leinwand). Leissler wurde 1939 in Hannover geboren und lebt heute wieder dort.

249 ›Irrgarten mit laufendem Jungen‹ (1970, Öl auf Leinwand) ist nur eins von vielen Bildern, bei denen Rosie Lee das Labyrinth zum visuellen oder symbolischen Thema nahm. Sie wurde 1935 in Rotterdam geboren und hat englische Eltern. Sie schreibt: »Für mich ist die Reise in das Labyrinth eine Reise in meine eigene Innenwelt ... Ich weiß nicht genau, warum ich begonnen habe, Labyrinthe zu malen. Damals, im Jahre 1969, erschien mir meine Arbeit vorwiegend therapeutisch; inzwischen ist sie philosophischer geworden. – Ich zitiere, was mir eine Freundin schrieb: ›Der frische Wind strich über die dichten Hecken, die die Gärten unterteilen. Ungewöhnliche Gefühle ergriffen von mir Besitz. Ich habe vergessen, was es war. Ich muß jetzt häufig meine Erregung beherrschen – als stieße ich durch eine Wand oder als schlüge etwas in meiner Nähe heftig um sich.‹ (Virginia Woolf). Sie sagt, was ich malen möchte.«

250 (rechte Seite) ›Labyrinth 17. IV. 72‹ von John Willenbecher entstand im Jahre 1972 (Kreide und Akrylfarben). Der Künstler, ein Amerikaner, wurde 1936 geboren und lebt in New York. Das Labyrinth ist in seinem Werk – Objekten wie Bildern und Zeichnungen – häufig anzutreffen. Anfang 1975 wurden viele seiner Labyrinthe im Everson Museum of Art in Syracuse, New York, ausgestellt.

251–253 Eine moderne Version des kretischen Labyrinths baute der Künstler, Bildhauer und Schriftsteller Michael Ayrton (geb. 1921 in London, gest. 1975) in *Dry Brook,* Arkville in den Catskill Mountains im Staate New York. Das Labyrinth ist aus Backsteinen und Stein errichtet und erforderte eine Bauzeit von zwei Jahren. Die Mauern sind 2,40 m hoch, und die Gänge sind mehr als 500 m lang. In der Mitte befinden sich zwei Kammern, die beide eine große Bronze enthalten – ›Daedalus/Icarus Matrix‹ und einen 2,10 m hohen ›Minotaurus‹. (Ein ebensolcher Minotaurus steht auch im *Postman's Park* in der Nähe der St. Paul's Cathedral in London; das Labyrinth in Arkville kann nach Vereinbarung mit der Eigentümerin Mrs. S. Erpf besichtigt werden.)

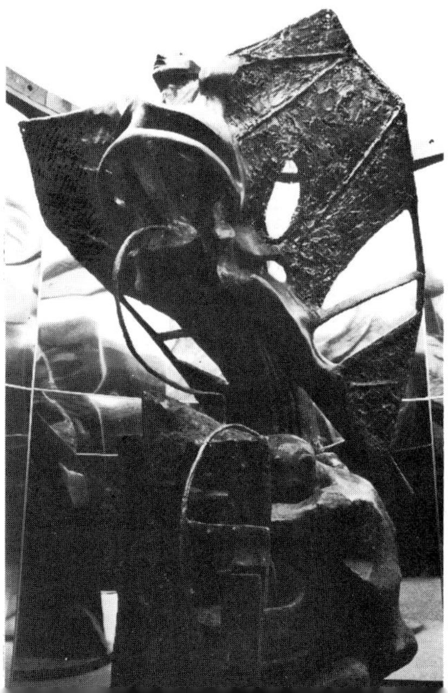

Michael Ayrton war schon lange von der Legende des Dädalus fasziniert. Im Jahre 1967 schrieb er dessen ›Lebensgeschichte‹ in einem Roman mit dem Titel ›The Maze Maker‹ nieder[61]. Darin sagt Dädalus: »Das Leben eines jeden Menschen ist ein Labyrinth, in dessen Mittelpunkt sein Tod liegt, und selbst nach dem Tode kann es sein, daß er durch ein letztes Labyrinth geht, bevor alles für ihn zu Ende ist. Das große Labyrinth des menschlichen Lebens schließt viele kleinere Labyrinthe ein, die alle in sich vollständig zu sein scheinen, und in jedem stirbt er teilweise, denn in jedem läßt er einen Teil seines Lebens zurück, der tot hinter ihm bleibt. Es ist paradox, daß der Mittelpunkt des Labyrinths als Weg zur Freiheit erscheint.«

254 Die Weltausstellung EXPO 67 fand in Kanada statt und hatte das Thema ›Der Mensch und seine Welt‹. Eines der ehrgeizigsten Projekte war ›Labyrinthe‹, eine zeitgenössische Darstellung der Sage von Theseus und dem Minotaurus, die zugleich den Menschen auf dem Weg zu sich selbst zeigte. Direktor Roman Kroitor erklärte die Symbolik: »Das architektonische Bauwerk ist die Welt, und der Weg, dem das Publikum folgt, wenn es durch das Gebäude wandert, entspricht dem Pfad des menschlichen Lebens. Die Theater sind die Erfahrungen des Lebens, und das Ungeheuer ist die zwangsweise unvollständige Erkenntnis der eigenen Natur; wir hofften, es könnte überwunden oder verbannt werden, wenn der Besucher sich durch die verschiedenen Phasen von ›Labyrinthe‹ bewegte.«

Komplizierte Filmtechniken trugen dazu bei, diese Wirkung zu erzielen, und ein 45-Minuten-Film des kanadischen National Film Board erzählte die Geschichte des Menschen in ihren Hauptzügen. In dem fünfgeschossigen Gebäude konnten jeweils 720 Besucher durch drei Zonen wandern; an einer Stelle blickten sie auf einen 12 m tiefer angebrachten riesigen Bildschirm hinunter.

Die drei Zonen sind in dem Ausstellungsführer beschrieben: »In dem ersten langgestreckten, hohen Bereich erfahren die Besucher ein Gefühl der Partizipation, vergleichbar mit einem Schweben in den Raum hinaus, während die Welt tief unten zurückbleibt. In der zweiten Zone gehen die Besucher Gänge entlang, die durch verspiegelte Glasprismen führen. In der letzten Zone erleben sie eine Multivisionsveranstaltung in bisher unerreichtem Maßstab – mit fünf Projektionsflächen, so daß geistige Bereiche aktiviert werden, die wahrscheinlich nie zuvor erreicht worden sind.«

Als die EXPO 67 am 20. Oktober 1967 ihre Pforten schloß, hatten 1 324 560 Besucher den Pavillon besichtigt; viele von ihnen mußten bis zu sieben Stunden Schlange stehen.

255 Dieses Plakat weist auf die Verkehrsverbindungen nach Hampton Court hin und wurde 1956 von F. H. K. Henrion für die Verkehrsgesellschaft London Transport entworfen.

256 Ein Labyrinth, das bei einem Volksfest in *Oxford* am 1. Mai 1974 ausgelegt wurde, erwies sich als sehr beliebt – bei Erwachsenen, Kindern und Hunden!

257, 258 Diese Beispiele zeigen die Arbeit von John Barnatt und Ken Beagley, früheren Studenten des Polytechnikums in Kingston upon Thames, Surrey. Nach dem Abschluß ihrer Studien zeigten sie ihre Diplomarbeit mit dem Titel ›Labyrinthe‹ in einer Ausstellung, die im Sommer 1974 im Museum von Kingston stattfand. Das Prinzip des ›Glühbirnen-Labyrinths‹ besteht darin, daß man sich nur dann von einem Quadrat zum anderen bewegen kann, wenn ein Licht ausgeht.

259 Am Karfreitag 1971 begann Greg Bright (der Autor der beiliegenden Labyrinth-Spiele) mit den Grabungen für diesen Irrgarten in *Pilton*, Sommerset. Er brauchte ungefähr ein Jahr; in dieser Zeit hob er Gräben in einer Länge von mehr als 1600 m aus, die zwischen 1,80 m und 5,40 m tief sind.

Außerdem entwirft er im Auftrag Labyrinthe für andere Leute; das neue Labyrinth aus Taxushecken, das er für das Longleat House in *Wiltshire* entwarf, enthält auch Brücken und Unterführungen.

Anmerkungen

(Bibliographische Angaben, die hier fehlen, finden sich in der Bibliographie.)

1 Eine ausführliche Erklärung dieser Theorie gibt L. J. D. Richardson in ›The Labyrinth‹, in: *Proceedings of the Cambridge Colloquium on Mycenaean Studies*, hrsg. von L. R. Palmer und John Chadwick
2 *The Palace of Minos at Knossos*, London 1921–36; New York 1963
3 *The Greek Myth*, Bd. 1, Harmondsworth 1955
4 Die Methode wird bei Richardson, op. cit., ausführlich erläutert
5 Näheres darüber in: Colin Renfrew, *Before Civilization (The Radiocarbon Revolution and Prehistoric Europe)*, London 1973
6 *Geometrical Drawings from Malekula and Other Islands of the New Hebrides*
7 In: *Labyrinth-Studien (Labyrinthos als Linienreflex einer mythologischen Idee)*, Zürich 1950
8 *Myth and Legend at Troy*
9 London 1970
10 Colin Still, *Shakespeare's Mystery Play. A Study of the Tempest*, London 1922
11 *Labyrinth Ritual in South India – Threshold and Tattoo Designs*
12 *Cumaean Gates*
13 Geoffrey Russell, ›The Secret of the Grail‹, in: *Glastonbury. A Study in Patterns*, Research into Lost Knowledge Organisation, London 1969
14 Peter Fleming, *One's Company*, London 1934
15 *Cumaean Gates*
16 C. G. Jung und Karl Kerényi, *Einführung in das Wesen der Mythologie*, Zürich 1951
17 *Cumaean Gates*
18 Norman O. Brown, *Love's Body*, New York 1966
19 Brown, op. cit., mit Zitaten aus G. R. Levey, *The Gate of Horn*, und: Sigmund Freud, *Neue Folge der Vorlesungen zur Einführung in die Psychoanalyse*, Frankfurt 1967
20 *Cumaean Gates*
21 Dr. Böhl in einem Vortag vor der Societas Classica in Leiden, 1931
22 In seinem Artikel *The Secret of the Grail*, vgl. Anm. 13
23 Lactantius, *De Mort. Persec.*, Kap. 44
24 *Cumaean Gates*
25 *Notices of Ancient and Medieval Labyrinths*
26 New York 1963
27 *Naturgeschichte* (übers. v. Ch. F. L. Strack), Bremen 1855
28 *Cumaean Gates*
29 Ausführliche Interpretation in: *The Dying God*, Bd. 4 (nicht in der gekürzten Fassung)
30 Mrs. Bury Palliser, *Historic Devices, Badges, and War-Cries*, London 1870
31 *Mazes and Labyrinths*
32 *Cumaean Gates*
33 London 1961
34 Maria-Gabriele Wosien, *Sacred Dance (Encounter with the Gods)*, London 1974
35 M. A. Courtney, *Cornish Feasts and Folk-lore*, 1. Aufl. 1890, Neuauflage East Ardsley 1973. – Vgl. a. W. C. Wade, *W. Antiquary*, April 1881
36 *The Golden Bough*, Bd. 4: *The Dying God*
37 Einige sind in *Troy Town* von R. Morton Nance abgebildet
38 Weitere Einzelheiten über Frederick Hirschs Forschungsarbeit in: *Erziehungskunst, Monatsschrift zur Pädagogik*, Stuttgart 1962
39 Roger Caillois, *Man, Play and Games*, London 1962
40 *Cumaean Gates*
41 J. W. Breeks, *An Account of the Primitive Tribes and Monuments of the Nilagiris*, London 1873
42 *The Mystic Spiral*
43 ›The Iconography of Dürer's 'Knots' and Leonardo's 'Concatenations'‹, in: *Art Quarterly*, Bd. VII, Nr. 2, Frühjahr 1944
44 London 1961
45 Critchlow, Carroll und Lee, *Chartres Maze: a model of the universe?*
46 Wosien, op. cit.
47 Joseph L. Henderson und Maud Oakes, *The Wisdom of the Serpent (The Myths of Death, Rebirth and Resurrection)*, New York 1963
48 ›The Labyrinth Man‹, in: *The Connoisseur*, Bd. 78, 1927, S. 232
49 ›An Emblematic Portrait by Dosso‹, in: *Journal of the Warburg and Courtauld Institutes*, Bd. 29, 1966, S. 433; nachgedruckt in: *Dosso and Battista Dossi, Court Painters at Ferrara*, Princeton 1968
50 *Mazes and Labyrinths*
51 Aus *Guide to Church & Maze*, Wyck Rossington
52 Beide Zitate aus: Ross F. Lockridge, *The Labyrinth*, New Harmony Memorial Commission, 1941
53 Aus: G. Rachel Levy, *The Gate of Horn*, London 1948. (Außerdem publiziert als *Relegious Conceptions of the Stone Age*, New York 1963)
54 Eine ausführliche Beschreibung gibt John Layard in *Stone Men of Malekula*, Kap. 25: ›Sand Tracings from Vao and Atchin‹, London 1942
55 Cambridge 1967
56 S. C. Brooks, *The Labyrinth Pattern in India*
57 *Images and Symbols*, London 1961
58 London 1928
59 Am 16. November 1889
60 Bd. 35, Nr. 208, S. 446
61 London 1967

Bibliographie

Allgemein

Ayrton, Michael, *A Meaning to the Maze (Seventh Jackson Knight Memorial Lecture)*, Abingdon-on-Thames 1974

Deedes, C. N., ›The Labyrinth‹, in: S. H. Hooke (Hrsg.), *The Labyrinth (Further Studies in the Relation Between Myth and Ritual in the Ancient World)*, London 1935

Grant, Michael und Hazel, John, *Who's Who in Classical Mythology*, London 1973

Knight, W. F. Jackson, *Cumaean Gates (A Reference of the Sixth Aeneid to the Initiation Pattern)*, Oxford 1936; neu publiziert in: *Vergil: Epic and Anthropology*, hrsg. von J. O. Christie, London 1967

Matthews, W. H., *Mazes and Labyrinths (Their History and Development)*, London 1922, New York 1970

Purce, Jill, *The Mystic Spiral (Journey of the Soul)*, London 1974

Richardson, L. J. D., ›The Labyrinth‹, in: L. R. Palmer und John Chadwick (Hrsg.), *Proceedings of the Cambridge Colloquium on Mycenaean Studies*, Cambridge 1966

Robertson, Seonaid M., *Rosegarden and Labyrinth (A Study in Art Education)*, London 1963

Rykwert, Joseph, *The Idea of a Town (Lectura Architectonica)*, Hilversum 1963

Santarcangeli, Paolo, *Il Libro dei Labirinti (Storia di un Mito e di un Simbolo)*, Florenz 1967

Labyrinthe, Katalog einer Ausstellung der Deutschen Gesellschaft für Bildende Kunst (Kunstverein Berlin) und der Akademie der Künste in Berlin, Oktober–November 1966

The Situationist Times, Nr. 4, Paris 1963

Puzzle-Bücher

Ball, W. W. Rouse, *Mathematical Recreations and Essays*, London 1892 (11. Aufl. 1939)

Bright, Greg, *Greg Bright's Maze Book*, London 1973. (Die Ausgabe von 1975 bildet den Spiele-Teil unserer Veröffentlichung)

Dudeney, Henry Ernest, *Amusements in Mathematics*, London 1917, New York 1959

Gardner, Martin, *More Mathematical Puzzles and Diversions*, Harmondsworth 1966

Koziakin, Vladimir, *Mazes*, London 1972

Shepherd, Walter, *Mazes and Labyrinths (A Book of Puzzles)*, New York 1961 (revidierte Version von *For Amazement Only*, Harmondsworth 1942)

Artikel

Banks, M. M., ›Tangled Thread Mazes‹, in: *Folk-Lore*, Bd. 46 (1935), S. 78

Boyes, John H., ›Saffron Walden Maze‹, in: *Essex Journal*, Bd. 8, Nr. 3 (Herbst 1973), S. 88

Brooke, S. C., ›The Labyrinth Pattern in India‹, in: *Folk-Lore*, Bd. 63–64 (1952–53), S. 463

Colton, Harold Sellers, ›Is the House of Tcuhu the Minoan Labyrinth?‹, in: *Science*, 29. Juni 1917, S. 667

–, ›Troy Town on the Hopi Mesas‹, in: *The Scientific Monthly*, Bd. 58 (Februar 1944), S. 129

Critchlow, Keith, Carroll, Jane und Lee, Llewylyn Vaughn, ›Chartres Maze: A Model of the Universe?‹, in: *Architectural Association Quarterly*, Bd. 5, Nr. 2 (Sommer 1973), S. 11

Deacon, A. Bernard, ›Geometrical Drawings from Malekula and Other Islands of the New Hebrides‹, in: *Journal of the Royal Anthropological Institute*, Bd. 64, Teil 1 (1934)

Gibson, Ackroyd, ›Rock-Carvings which Link Tintagel with Knossos: Bronze-Age Mazes Discovered in North Cornwall‹, in: *Illustrated London News*, 9. Januar 1954, S. 46

Grigson, Geoffrey, ›Mazes in the Wanton Green‹, in: *Country Life*, 13. September 1962

Hildburgh, W. L., ›The Places of Confusion and Indeterminability in Mazes and Maze-Dances‹, in: *Folk-Lore*, Bd. 56 (1945), S. 188

Knight, W. F. Jackson, ›Maze Symbolism and the Trojan Game‹, in: *Antiquity*, Bd. 6, Nr. 24 (Dezember 1932), S. 445

–, ›Myth and Legend at Troy‹, in: *Folk-Lore*, Bd. 46 (1935), S. 98

Layard, John, ›The Labyrinth in the Megalithic Areas of Malekula . . .‹, in: *Man*, Januar 1935, Artikel Nr. 10

–, ›Maze-Dances and the Ritual of the Labyrinth in Malekula‹, in: *Folk-Lore*, Bd. 47 (1936), S. 123

–, ›Labyrinth Ritual in South India – Threshold and Tattoo Designs‹ in: *Folk-Lore*, Bd. 48 (1937)

McDonnell, John, ›The Significance of Turf Mazes‹, in: *Country Life Annual* (1959), S. 109

Nance, R. Morton, ›Troy Town‹, in: *Journal of the Royal Institution of Cornwall*, Nr. 71 (1924)

Ore, Oystein, ›An Excursion into Labyrinths‹, in: *The Mathematics* Teacher, Mai 1959, S. 367

Robinson, David N., ›Julian's Bower‹, in: *Lincolnshire Life*, Bd. 9, Nr. 3 (Mai 1969), S. 28

Trollope, Edward, ›Notices of Ancient and Medieval Labyrinths‹, in: *The Archaeological Journal*, Bd. 15 (1858)

Verbrugge, A.-R., ›Un Curieux Bas-Relief à Compiègne‹, in: *Oise Tourisme*, Herbst 1970, S. 17

Quellennachweis

Bei meiner Arbeit waren mir die Untersuchungen meiner Vorgänger von großem Nutzen, vor allem die Werke *Mazes and Labyrinths* von W. H. Matthews und *Cumaean Gates* von W. F. Jackson Knight.

Außerdem möchte ich allen danken, die an der Vorbereitung meines Buches Anteil genommen haben, besonders jenen, die mich mit Informationen und Abbildungsmaterial unterstützten. Ich bin dankbar für die Hilfe, die mir mein Verleger John L. Smith zukommen ließ, und für die Begeisterung, die er und Sandy Carr gezeigt haben. Erwähnt werden müssen auch die Mitarbeiter der Westminster City Libraries, Zweigstelle Maida Vale, die stets so zuverlässig meine vielen Bücherwünsche erfüllten. Ein Helfer hinter den Kulissen verdient besonderen Dank: mein Mann Colin Bord, der nicht nur viele Fotos gemacht hat, sondern mich auch immer wieder ermutigte.

Verpflichtet bin ich ferner den folgenden Personen und Institutionen, die ihre Erlaubnis zur Reproduktion erteilten:

Texte

Agathon Press, Inc., Auszug aus *The Palace of Minos at Knossos* von Sir Arthur Evans; George Allen & Unwin Ltd., Barnes & Noble, Inc., und Professor R. G. Wilson Knight, Auszüge aus *Vergil: Epic and Anthropology,* hrsg. von J. D. Christie; The Architectural Association, Auszug aus *Chartres Maze: A Model of the Universe?* von Keith Critchlow, Jane Carroll und Llewylyn Vaughn Lee (dieser Aufsatz erschien zuerst in *The Architectural Association Quarterly,* London, Bd. 5, Nr. 2, Sommer 1973, und wird mit Genehmigung des Herausgebers wiedergegeben); George Braziller, Inc., Auszug aus *The Wisdom of the Serpent* von Joseph L. Henderson und Maud Oakes, nachgedruckt mit Genehmigung des Verlegers (Copyright 1963 Joseph L. Henderson und Maud Oakes); Ian Christie, Auszug aus *Getting Lost,* in: *Art and Artists,* Bd. 6, Nr. 6, Okt. 1971; Nachlaß Sir James Frazer, Auszug aus *The Golden Bough* von J. G. Frazer; Harvill Press Ltd., Auszug aus *Images and Symbols* von Mircea Eliade; Penguin Books Ltd. und Nicholas Thompson Ltd., Auszug aus *The Maze Maker* von Michael Ayrton (nachgedruckt mit Genehmigung von Penguin Books Ltd., Copyright Michael Ayrton, 1967); Routledge & Kegan Paul Ltd., Auszug aus *Introduction to a Science of Mythology* von C. G. Jung und K. Kerényi; Thames and Hudson Ltd., Auszüge aus *The Mystic Spiral* von Jill Purce und *Sacred Dance* von Maria-Gabriele Wosien; Hrsg. des *Journal of the Warburg and Courtauld Institutes* und Professor Felton L. Gibbons, Auszug aus *An Emblematic Portrait by Dosso* von Felton Gibbons, in: *Journal,* Bd. 29, 1966.

Abbildungen

(Die Zahlen beziehen sich auf die Abbildungsnummern)

Aerofilms Ltd, 207, 208, 213

Soprintendenza alle Antichità della Lombardia, 118, 120

Antikvariskt-Topografiska Arkivet, Stockholm, 99, 102, 106

Michael Ayrton, 251, 252, 253

Peter Baker Photography, 13

Bayerische Staatsbibliothek München (Clm 14731, fol. 82v & 83r), 123, 124

Ken Beagley, 76, 84, 95, 256

Biblioteca Apostolica Vaticana, 126

Bibliothèque Nationale, Paris, 121, 140

Basil Blackwell and John Lloyd (8, 18, 38 aus *Cumaean Gates* von W. F. Jackson Knight)

Janet and Colin Bord, 3, 4, 34, 69, 78, 79, 80, 82, 83, 157, 158, 159, 161, 162, 163, 164, 165, 166, 209, 210, 211, 218, 244, 257, 258

Trustees of the British Museum, 11, 47, 48, 49, 50, 51, 52, 53, 56, 63, 65

British Tourist Authority, 91, 92

Caisse Nationale des Monuments Historiques, Paris, 141, 143, 144

Cambridge University Press (32 aus 'The Labyrinth' von L. J. D. Richardson in *Proceedings of the Cambridge Colloquium on Mycenaean Studies,* edited by L. R. Palmer and John Chadwick; 228, 229 aus *English Medieval Graffiti* von V. Pritchard)

Jonathan Cape Ltd and Alfred A. Knopf, Inc. (25, 26, 27, 28 aus *Camonica Valley* von Emmanuel Anati)

Archives du Centre de Recherches Archéologiques du Vexin Français, 151

Chatto and Windus Ltd and the Author's Literary Estate (225, 226, 227 aus *Stone Men of Malekula* von John Layard)

Colonial Williamsburg Photograph, 222

Commissioners of Public Works in Ireland, 19, 20

Corporation of the City of Aberdeen, 214

Crown copyright, reproduced with permission of the controller of Her Majesty's Stationery Office, 12, 17

Deighton, Bell & Co. (233, 234 aus *The Rock-Engravings of Griqualand West and Bechuanaland South Africa* von M. Wilman)

Department of Egyptology, University College London (40, 41 aus *The Labyrinth Gerzeh and Mazghuneh* von W. M. Flinders Petrie; 42, 43, 44 aus *Button and Design Scarabs* von W. M. Flinders Petrie)

Design Objectives Ltd, 96

Stig Englund RAGU, 100, 101

Mary Evans Picture Library, 200, 246

Fitzwilliam Museum, Cambridge, 171

Fox Photos Ltd, 217

Frick Art Reference Library, 167, 168, 169

Vincent H. Gaddis, 36

Galerie Brusberg, Hannover, 248

Germanisches Nationalmuseum, Nürnberg, 199

Göteborgs Arkeologiska Museum, 103, 104, 105

Will Green, 94, 115, 216

Robert Harding Associates, 14

Reproduced by permission of the Director of the India Office Library, 230

Courtesy of the John G. Johnson Collection, Philadelphia, 172

Kunsthistorisches Museum, Wien, 111

Latimer New Dimensions Ltd (98, 259 aus *Greg Bright's* Maze Book)

Rosie Lee, 249

Frederic Lewis, Inc., 45, 46

London Transport, 255

The Mansell Collection, 57, 64, 68, 72, 73, 75, 77, 81, 86, 203

F. C. Morgan, 125

Musée Archéologique, Nimes, 113

Musées Nationaux, Paris, 55

Photos courtesy of the Museum of Northern Arizona, 37, 241

Museum of the American Indian, Heye Foundation, 242

National Film Board of Canada, 254

National Museum of Ireland, 5, 35

National Museum of Wales, 114

Nationalmuseet, Kopenhagen, 155, 156

Österreichische Galerie, Wien, und Joram Harel Management, 247

Photo Hutin, Compiègne, 61
The Albert Pilavin Collection: Twentieth Century American Art, Museum of Art, Rhode Island School of Design, 250
Pitt Rivers Museum, Oxford, 224
Reproduced by permission of *Punch*, 245
Reproduced by gracious permission of Her Majesty the Queen, 170
Radio Times Hulton Picture Library, 59, 181, 188
Roger-Viollet, 58, 116
Peggy Shortt, 136
Sidgwick & Jackson Ltd and W. Kohlhammer Verlag (22 aus *The Rock Pictures of Europe* von Herbert Kühn)
Courtesy of the Smithsonian Institution, Freer Gallery of Art, Washington, D.C., 6
Staatliche Graphische Sammlung, München, 60, 131
Bildarchiv der Staatsbibliothek, Berlin, 62, 130, 198
Gunnar Svahnström/Gotlands Fornsal, 152
University Library, Ghent, 122
University Museum of Archaeology and Ethnology, Cambridge, 235
The University of California Press (9 from *The Gods and Goddesses of Old Europe* by Marija Gimbutas)
By courtesy of the Victoria and Albert Museum (J. a. C. Bord photograph), 244
Vorland (Zeitschrift für europäische Vorgeschichte), 87, 88, 89
E. J. Waterfall/Leigh Women's Institute, 85
Keith Wheeler, 110
Reece Winstone, 160
Geoffrey N. Wright, 16, 67
Yugoslavija (29 aus *The Bogomils* von Oto Bihalji-Merin)
Department of Prints and Drawings, Zentralbibliothek Zürich, 173, 174

Index

Personen und Völker

Orte und Länder

Sachen und Begriffe